2016年 全国新型职业农民发展报告

New Professional Farmers
Development Report in China

农业部科技教育司
中央农业广播电视学校

中国农业出版社

图书在版编目（CIP）数据

2016年全国新型职业农民发展报告 / 农业部科技教育司，中央农业广播电视学校编. —北京：中国农业出版社，2017.5

ISBN 978-7-109-22889-4

Ⅰ.①2… Ⅱ.①农… ②中… Ⅲ.①农民教育－职业教育－研究报告－中国－2016 Ⅳ.①G725

中国版本图书馆CIP数据核字（2017）第075906号

中国农业出版社出版

（北京市朝阳区麦子店街18号楼）

（邮政编码 100125）

责任编辑 刘 伟 杨晓改

北京通州皇家印刷厂印刷 新华书店北京发行所发行

2017年5月第1版 2017年5月北京第1次印刷

开本：889mm×1194mm 1/16 印张：10.25

字数：230千字

定价：190.00元

（凡本版图书出现印刷、装订错误，请向出版社发行部调换）

2016年全国新型职业农民发展报告

编辑委员会

爱农业、懂技术、善经营的新型职业农民，是现代农业建设的主力军，是新农村建设的中坚力量。习近平总书记强调，要以吸引年轻人务农、培养职业农民为重点，建立专门政策机制，加快构建职业农民队伍，造就高素质农业生产经营者队伍。培育新型职业农民是破解"谁来种地"难题的现实选择，是推进农业供给侧结构性改革的重要抓手。

近年来，各级农业部门立足产业发展需要和农民实际需求，积极推进新型职业农民示范性培育，探索建立教育培训、规范管理、政策扶持"三位一体"的新型职业农民培育制度，培育了一批建设现代农业的生力军。新型职业农民正成为推进现代农业规模化生产、产业化经营、社会化服务的典型代表，成为农村脱贫致富的带头人，为农业农村经济发展注入了新的活力。

"十三五"时期是全面深化农村改革的攻坚期，加快新型职业农民队伍建设，对于服务农业农村经济工作大局至关重要。我们要认真贯彻中共中央决策部署，进一步增强责任感、紧迫感和使命感，以构建职业农民队伍为目标，强化政策扶持、完善培育制度、健全培训体系、提升培育能力，加快培育造就一支规模宏大、结构合理、素质优良的新型职业农民队伍，为推动农业现代化取得明显进展、如期实现全面建成小康社会目标提供强有力的人才支撑。

农业部副部长 张桃林

2017年3月

　　建设新型职业农民队伍是中共中央、国务院立足我国农村劳动力变化趋势和农业现代化建设需求做出的重大战略部署。按照中共中央、国务院的要求，近年来各地积极推进，创新实践，新型职业农民培育工作取得明显成效，新型职业农民队伍不断壮大。

　　为了系统总结近年来全国新型职业农民发展状况，农业部科技教育司和中央农业广播电视学校组织编写了《2016年全国新型职业农民发展报告》（以下简称《报告》）。我们期望通过翔实的数据和生动的事例，全面反映2012—2015年全国新型职业农民整体情况，充分展示新型职业农民队伍建设和培育工作取得的进展与成效，深入分析新型职业农民发展趋势，为各级政府和有关部门科学决策提供参考借鉴，为有关单位开展科学研究提供基础数据，也为社会各界了解新型职业农民发展状况提供有效窗口。

　　《报告》包含新型职业农民基本情况、新型职业农民发展重大战略、新型职业农民队伍建设、新型职业农民培育体系和新型职业农民发展趋势五部分，并附录了2016年家庭农场经营者发展、农民合作社带头人发展、农村实用人才队伍发展和农业职业教育发展四个专题研究报告。《报告》力求内容丰富、数据准确、文字精练、表现直观，在为读者带去知识和信息的同时，也传递党和政府及全社会对新型职业农民的支持与关爱。

　　在《报告》编写过程中，农业部领导、有关司局和专家给予了大力支持和热情指导。在此，一并对关心支持新型职业农民发展的各级领导、专家和各位读者致以诚挚的谢意！

　　不当之处，敬请指正。

本书编委会

2017年3月

目 录

序

前言

正文附表

附录附图

一、新型职业农民发展基本情况

新型职业农民是职业化的新型农民，具有爱农业、懂技术、善经营特征。随着现代农业的快速发展和农民教育培训工作的有效开展，新型职业农民队伍不断壮大，已初具规模。

（一）新型职业农民内涵、特征和分类

1.内涵

新型职业农民是相对于传统农民和兼业农民而言的，是阶段性、发展中的新概念。在新型职业农民概念提出之前，有两个相近的概念。

一是新型农民。"新型农民"是与经济社会发展阶段相对应的概念，相对"传统农民"而言，强调的是时代性、现代性。2005年召开的中共十六届五中全会提出，要适应现代农业发展和建设社会主义新农村的需要，切实提高农民文化素质和技能水平，培养有文化、懂技术、会经营的新型农民。培养新型农民的目标就是使传统农民具备一定文化素质，具有现代公民意识和农业职业道德，懂得并能运用现代农业技术和现代经营管理知识，满足现代农业发展和社会主义新农村建设的迫切需要。

二是职业农民。"职业农民"强调农民的职业属性，突出农民的专业特点。我国长期以来实行城乡二元分割政策，使农民成为一种身份的概念，既包括从事农业的人，也包括不从事农业但户籍在农村的人。另外，随着农村劳动力大量转移，农民兼业化现象十分普遍。为了区别身份概念的农民，出现了专门从事农业生产和经营的职业农民概念。

2012年中央提出大力培育新型职业农民，这一概念将"新型农民"和"职业农民"有机地结合起来，适应了我国农村劳动力结构变化和现代农业发展的新形势，体现了农民从身份向职业转变、从兼业向专业转变、从传统农业生产方式向现代农业生产经营方式转变的新要求。新型职业农民就是职业化的新型农民，具体指以农业为职业、具有相应的专业技能、收入主要来自农业生产经营并达到相当水平的现代农业从业者。

2.特征

（1）爱农业。新型职业农民具有较为深厚的农业情怀、农村情结，对农民有认同感、对农业有亲近感、对农村有归属感，能够献身农业、扎根农村。"爱农业"

一方面表现为具有较高的稳定性，能够把务农作为终身职业，精心呵护土地、长期培植地力，实现农业的可持续发展。另一方面表现为具有高度的社会责任感：对消费者负责，为社会提供安全优质的农产品；对环境负责，在农业生产过程中不污染和破坏环境；对后代负责，不改变土地使用性质，为子孙后代留下最宝贵的可利用资源。

（2）懂技术。"懂技术"既包括掌握相关农业技术技能，如高产优质、防灾减灾、绿色安全、设施装备等，也包括适应农业科技进步对新品种、新技术、新装备的应用能力和转化能力。

（3）善经营。"善经营"是指了解农产品市场需求，能够根据市场信息分析和判断市场需求变化，从而进行科学生产决策；能够合理安排劳动力、农用机械等生产要素组织农业生产，有效防范和应对生产经营过程中随时可能发生的风险；具备一定的农产品品牌建设和农产品市场开发等能力。

3.分类

按照现代农业分工，新型职业农民分为生产经营型、专业技能型和专业服务型。

（1）生产经营型职业农民。生产经营型职业农民是指以农业为职业、占有一定的资源、具有一定的专业技能、有一定的资金投入能力，收入主要来自农业生产经营并达到相当水平的现代农业生产经营者，主要是专业大户、家庭农场经营者、农民合作社带头人等。

（2）专业技能型职业农民。专业技能型职业农民是指在农民合作社、家庭农场、专业大户、农业企业等新型农业经营主体中较为稳定地从事农业岗位作业，并以此为主要收入来源且达到相当水平，具有一定专业技能的农业劳动力，主要是农业工人或农业雇员等。

（3）专业服务型职业农民。专业服务型职业农民是指在社会化服务组织中或个体直接从事农业产前、产中、产后服务，并以此为主要收入来源且达到相当水平，具有相应服务能力的农业社会化服务人员，主要是农村信息员、农村经纪人、农机服务人员、统防统治植保员、村级动物防疫员等农业社会化服务人员。

（二）新型职业农民队伍基本情况

1.总体情况

根据2016年中共中央组织部办公厅、农业部办公厅、人力资源和社会保障部办公厅、国家统计局办公室联合开展的全国农村实用人才统计，截至2015年底，全国农村实用人才总量为16 923 021人。其中，生产型6 166 737人、经营型3 489 942人、技能服务型3 065 382人、技能带动型2 522 240人、社会服务型1 678 720人。根据农业部《关于统筹开展新型职业农民和农村实用人才认定工作的通知》精神，农村实用人才的前三类就是新型职业农民，据此全国新型职业农民总量为12 722 061人。

（1）全国新型职业农民性别结构情况。农业劳动以体力劳动为主，全国新型职业农民以男性为主。具体来看，男性9 765 171人，女性2 956 890人，男女比例约为3.30 ∶ 1（图1）。

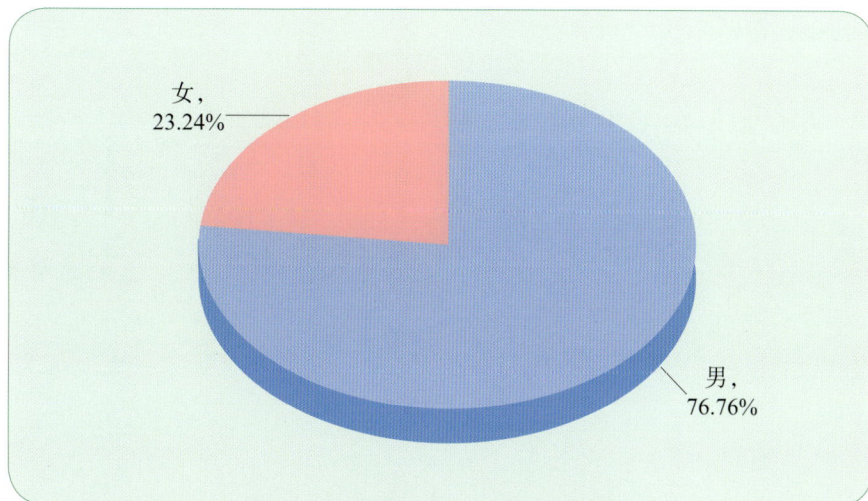

图1　全国新型职业农民性别结构

（2）全国新型职业农民年龄结构情况。从年龄结构看，35岁及以下占17.14%，36～40岁占16.41%，41～45岁占21.05%，46～50岁占20.79%，51～54岁占12.78%，55岁及以上占11.84%。由此可见，全国新型职业农民中41～50岁年龄段人数最多，占总数的41.84%（图2）。随着农村劳动力特别是青壮年劳动力向城镇转移，留在农村的务农农民以中老年为主，新型职业农民中大部分都是从务农农民中成长发展起来的，所以新型职业农民队伍整体年龄偏大。

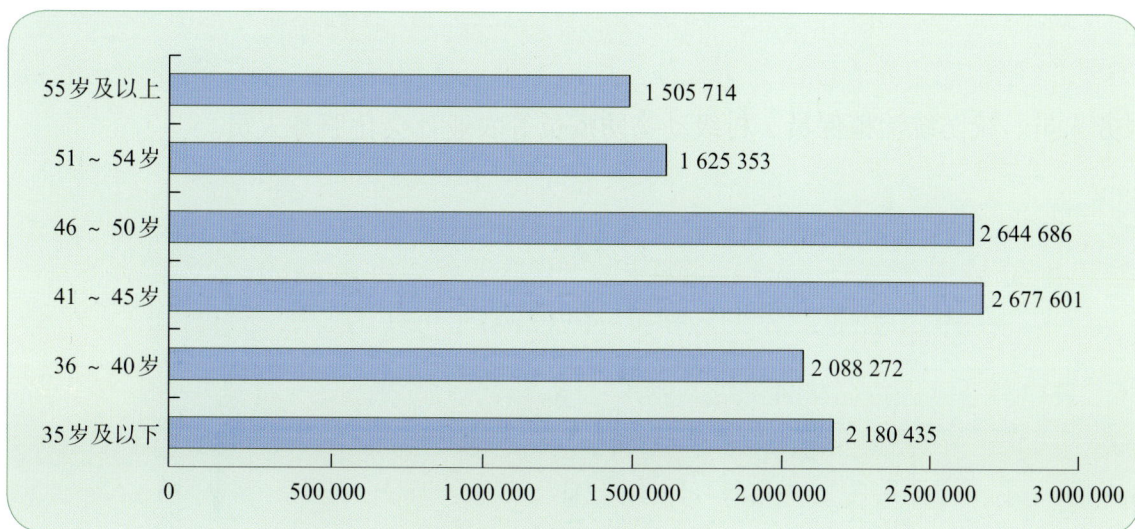

图2　全国新型职业农民年龄结构（单位：人）

（3）全国新型职业农民受教育程度情况。从受教育程度看，全国新型职业农民队伍整体文化程度不高，以初中文化程度为主。其中，大专及以上659 723人，高中（含中专）3 220 992人，初中7 346 331人，小学1 317 749人，未上过学177 266人（图3）。

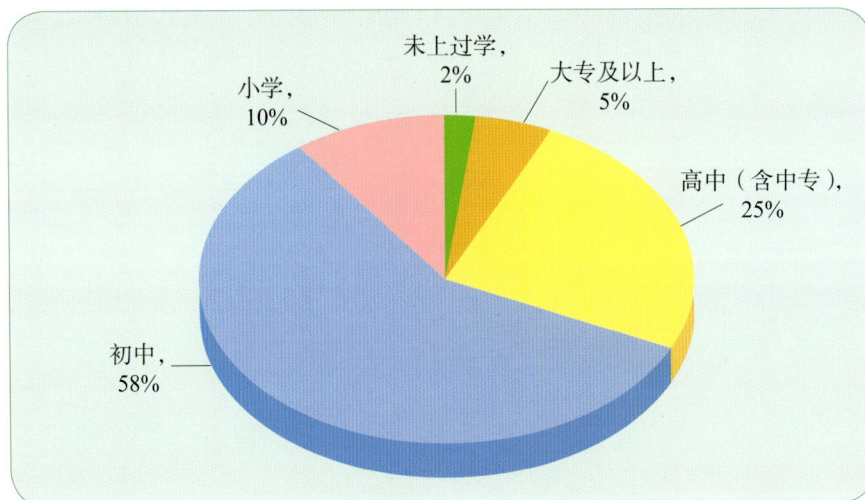

图3　全国新型职业农民受教育程度

2.分区域基本情况

（1）各地新型职业农民数量情况。由于各地经济发展水平、农村劳动力数量和新型职业农民培育工作推进力度不同，新型职业农民数量也存在差异。其中，江苏、山东、河南三地新型职业农民数量位居全国前列，分别占全国新型职业农民总数的12.74%、11.88%和7.21%（表1）。各地新型职业农民数量占农村劳动力总数的比重均低于10%。其中，新疆生产建设兵团（以下简称新疆兵团）、宁夏和江苏三地占比最高，分别为9.02%、8.01%和6.23%（图4）。

表1　各地新型职业农民数量

单位：人

地区	北京	天津	河北	山西	内蒙古	辽宁	吉林	黑龙江
人数	35 521	71 260	614 991	225 164	193 776	365 284	209 804	189 197
地区	上海	江苏	浙江	安徽	福建	江西	山东	河南
人数	34 512	1 621 323	517 868	482 650	334 023	302 274	1 511 721	917 068
地区	湖北	湖南	广东	广西	海南	重庆	四川	贵州
人数	490 514	660 721	674 744	370 361	113 902	169 375	716 074	271 446
地区	云南	西藏	陕西	甘肃	青海	宁夏	新疆	新疆兵团
人数	460 975	66 526	362 600	276 921	32 145	126 763	268 060	34 498

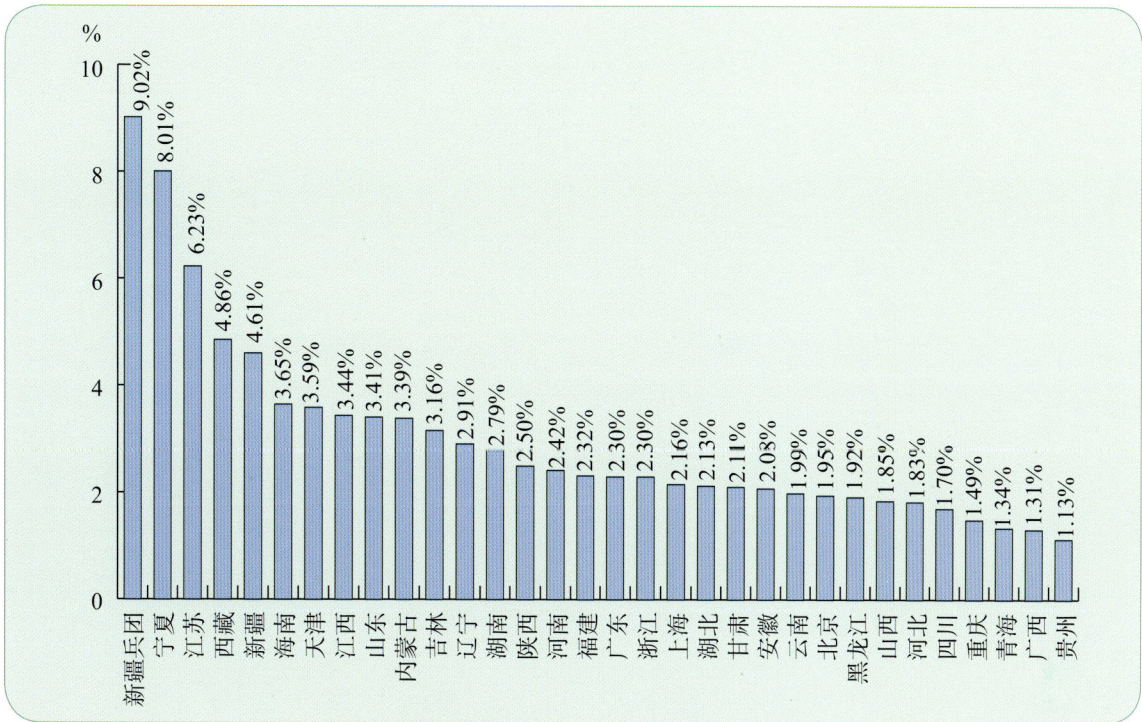

图4　各地新型职业农民占农村劳动力比重

（2）各地新型职业农民性别结构情况。从性别角度看，各地新型职业农民中男性比例明显高于女性。其中，青海、内蒙古和江西三地男性比例最高，分别为97.87%、93.97%和93.72%（图5）。

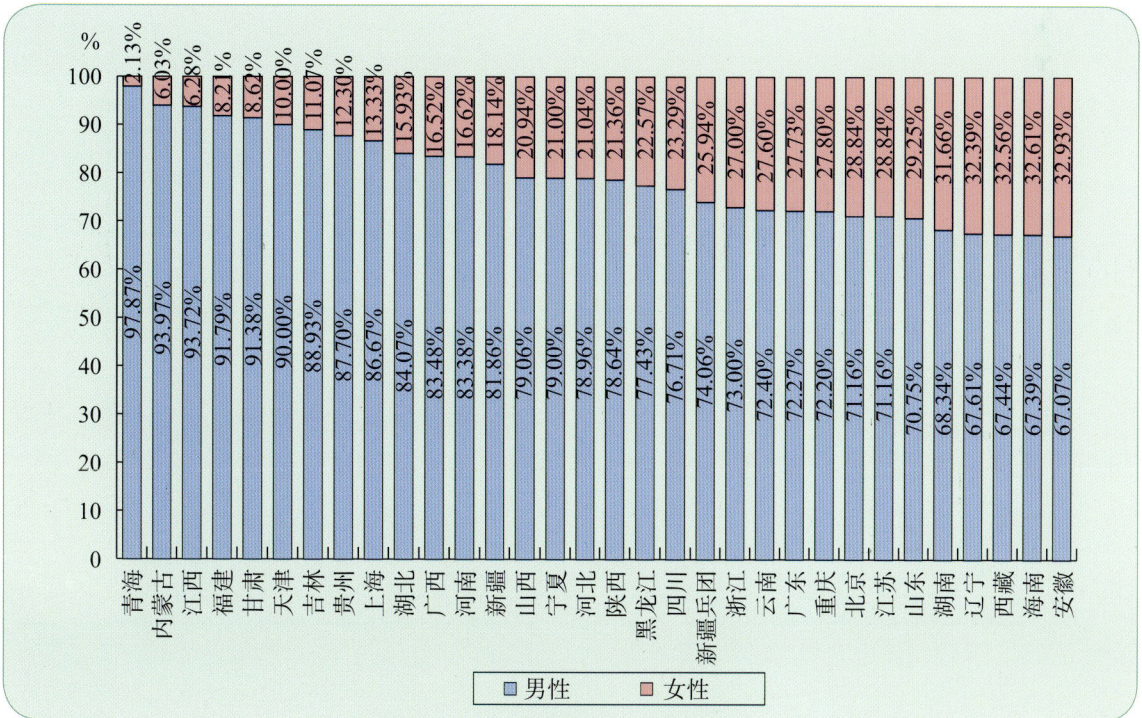

图5　各地新型职业农民性别比例

（3）各地新型职业农民年龄结构情况。从年龄结构看，各地40岁及以下新型职业农民占比多集中在25% ~ 45%之间。其中，西藏占比最高，北京和上海两地占比最低（图6）。41 ~ 50岁新型职业农民占比集中在25% ~ 51%之间。其中，新疆兵团占比最高，西藏占比最低（图7）。51岁及以上新型职业农民占比多集中在15% ~ 35%之间。其中，北京和上海两地占比最高，西藏占比最低（图8）。说明西藏等欠发达地区年轻人外出务工比例不高，新型职业农民中年轻人占比较高；而北京和上海等经济发达地区，农村劳动力特别是青壮年劳动力大量转移到城镇和二、三产业，新型职业农民中年轻人较少。

（4）各地新型职业农民受教育程度情况。从受教育程度的角度看，各地大专及以上文化程度新型职业农民占比均低于15%，其中，天津占比最高，青海占比最低（图9）；高中（含中专）文化程度新型职业农民占比多集中在15% ~ 35%之间，其中，湖南占比最高，西藏占比最低（图10）；初中及以下文化程度新型职业农民占比均超过40%，其中，西藏最高，湖南最低（图11）。总体而言，新型职业农民队伍受教育程度与当地经济发展水平呈正相关关系：经济发展水平越高，新型职业农民队伍整体受教育程度越高；经济发展水平越低，新型职业农民队伍整体受教育程度越低。

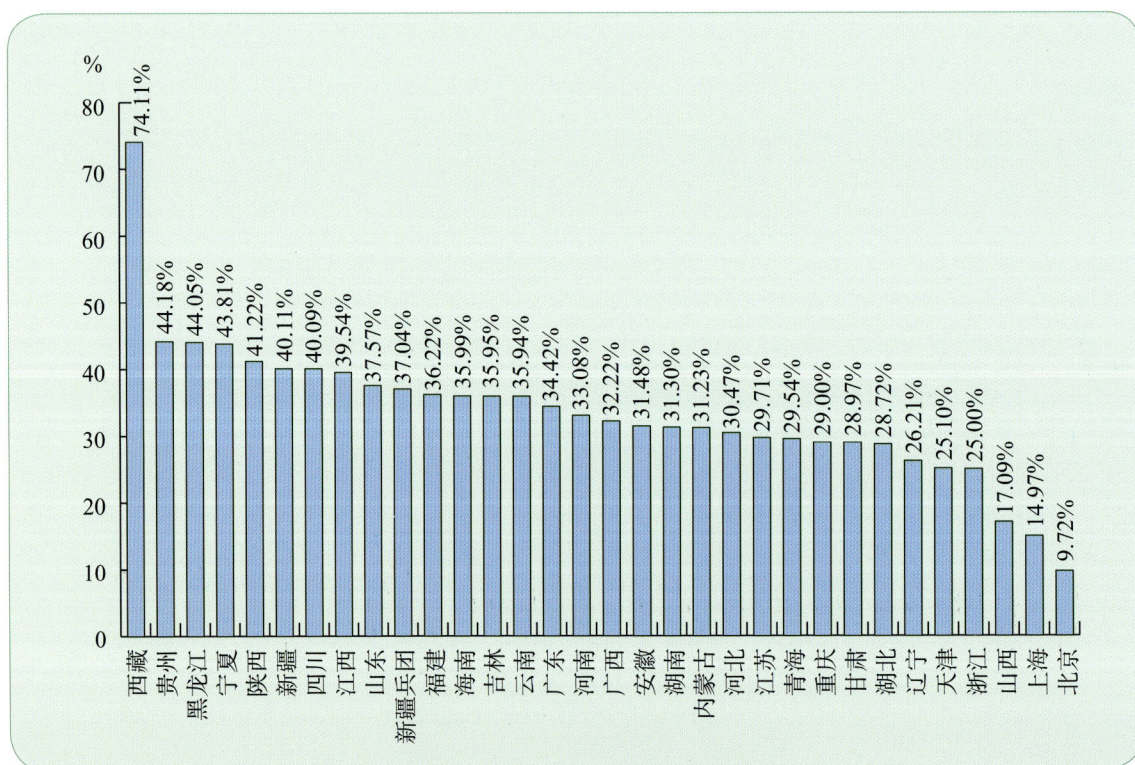

图6　各地40岁及以下新型职业农民占比

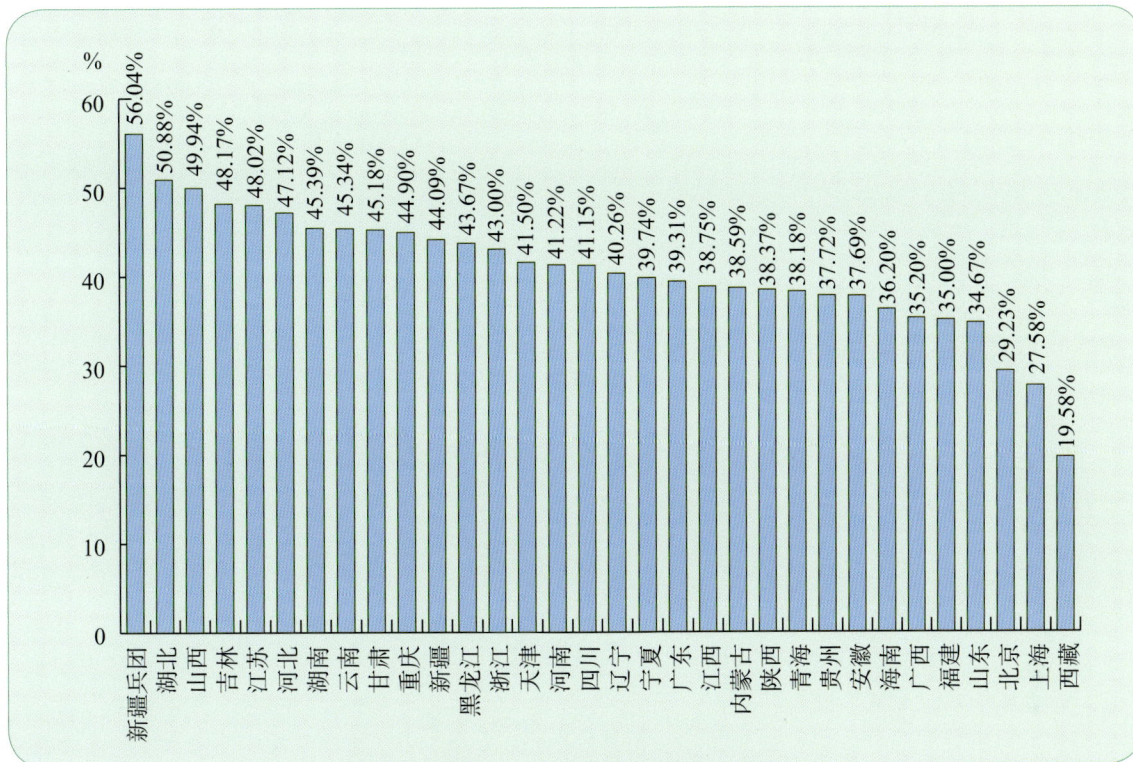

图7 各地41～50岁新型职业农民占比

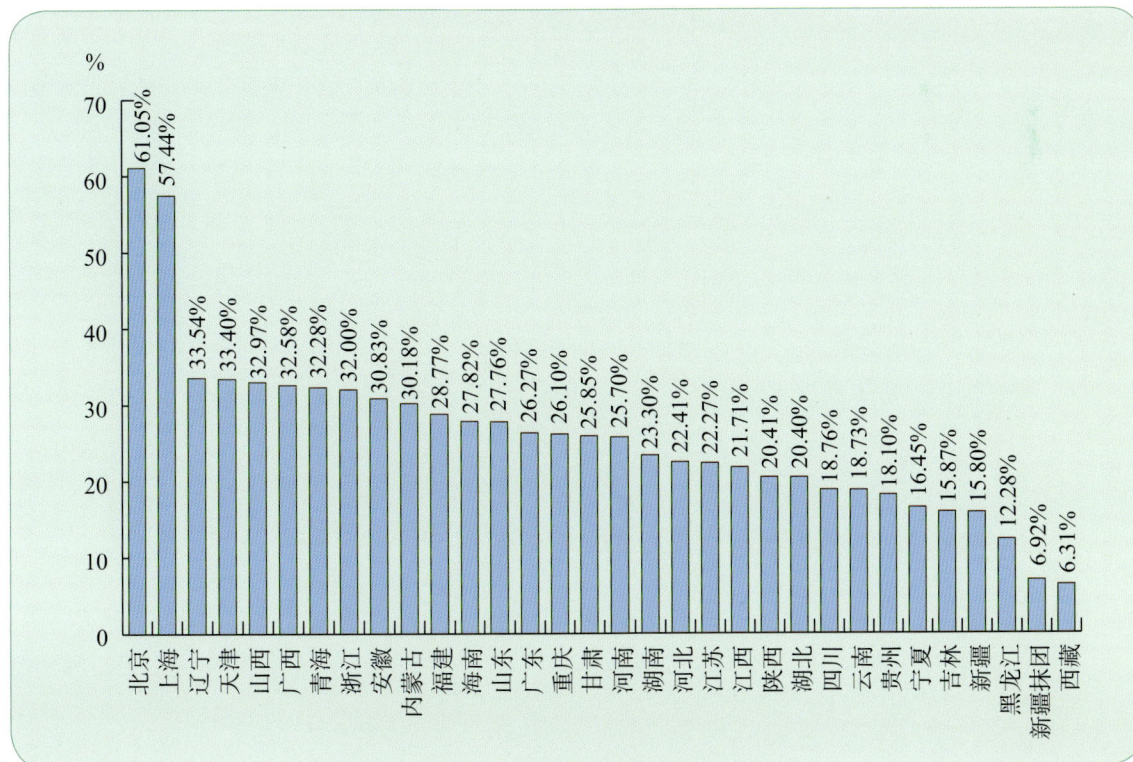

图8 各地51岁及以上新型职业农民占比

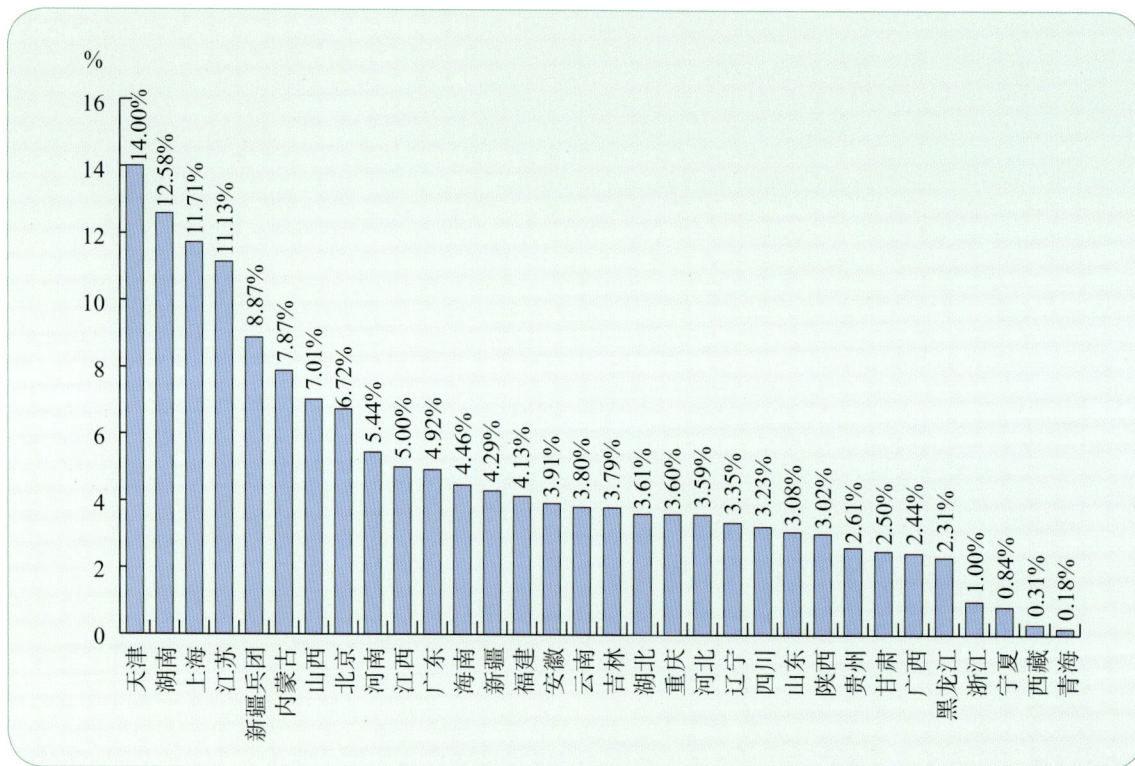

图9　各地大专及以上文化程度新型职业农民占比

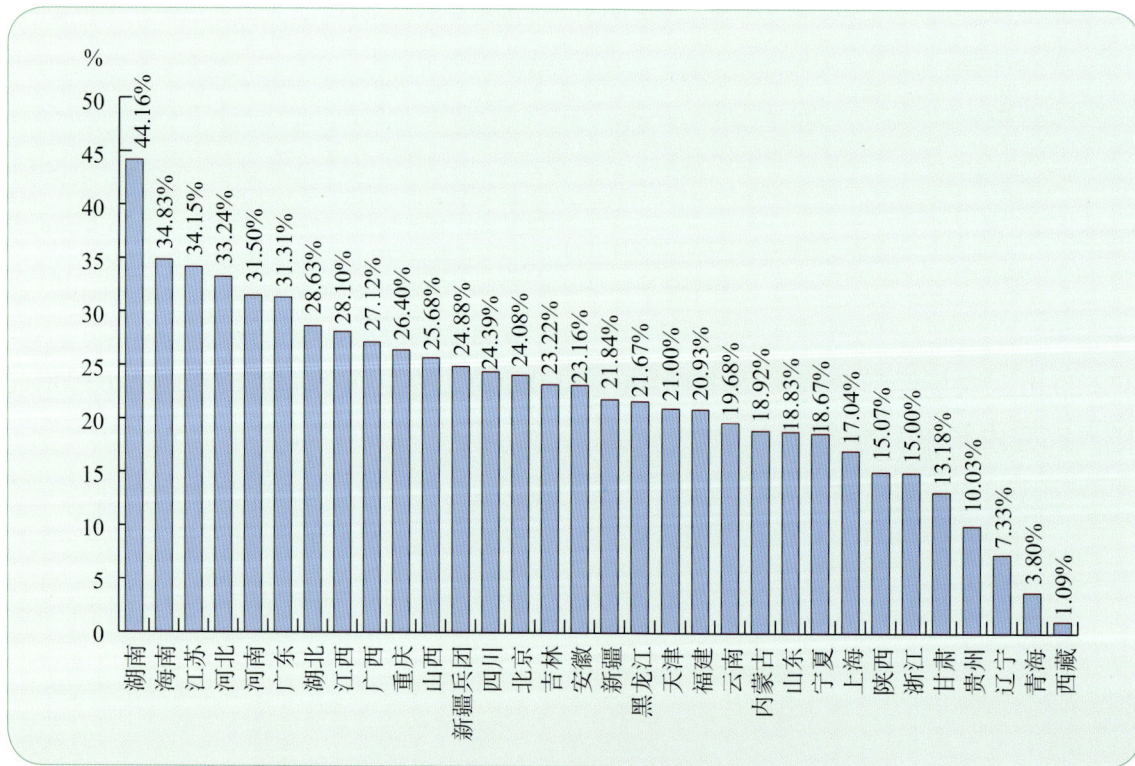

图10　各地高中（含中专）文化程度新型职业农民占比

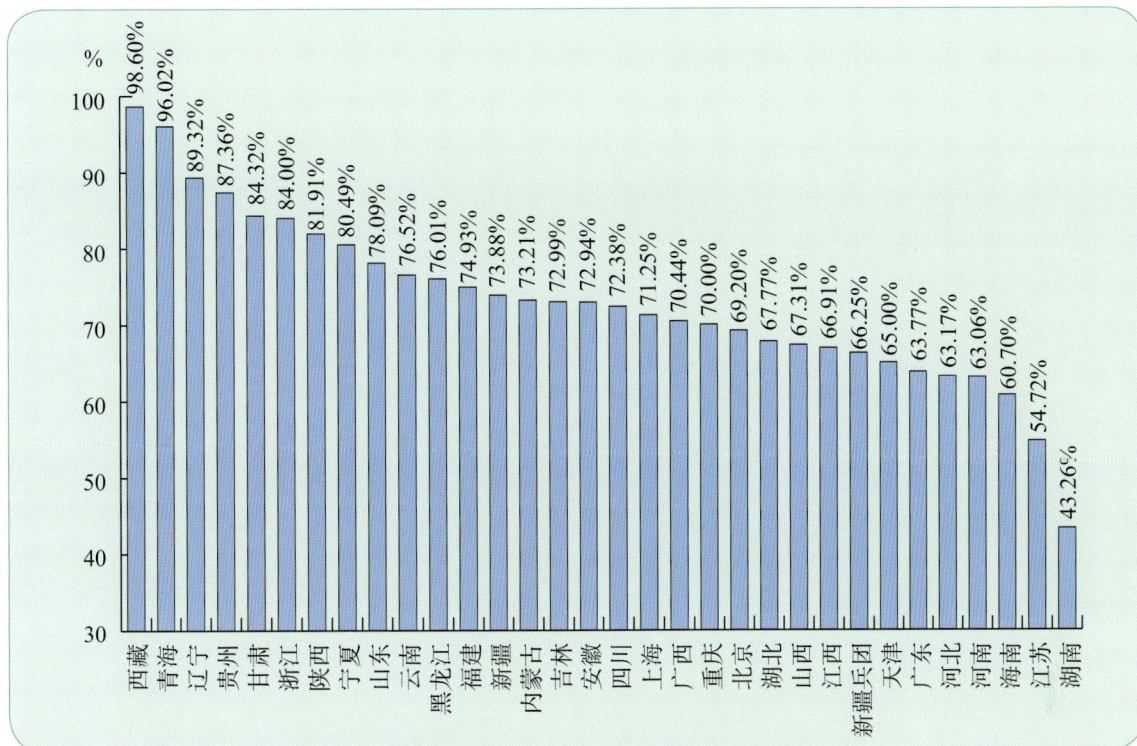

图11　各地初中及以下文化程度新型职业农民占比

3.生产经营情况

专业大户、家庭农场经营者和农民合作社带头人是新型职业农民的重要组成部分，本报告重点分析我国专业大户、家庭农场和农民合作社生产经营情况。2015年全国经营耕地面积50亩[①]以上的农户296.6万个。其中，50～100亩的农户242.3万个；100～200亩的农户19.8万个；200亩以上的农户34.5万个[②]。2015年全国经农业部门认定的家庭农场355 194个。其中，种植业类家庭农场223 653个，养殖业类家庭农场86 725个，种养结合类家庭农场31 160个，其他类家庭农场13 656个（图12）。据农业部对全国2 903个家庭农场样本的监测，样本家庭农场平均经营土地面积为373.89亩，农场经营规模多集中在100～1 000亩，在这个区间内的农场占63.58%。样本家庭农场2015年平均总收入100.42万元，平均总成本75.35万元，平均纯收入25.07万元。

2015年，全国农民合作社共1 336 089个[③]。按行业分，种植业合作社710 437个，其中，粮食产业合作社276 177个；林业合作社79 288个；畜牧业合作社324 310个；渔业合作社45 617个；服务业合作社108 704个；其他农民合作社67 733个（图13）。从行业分类看，种植业合作社最多。

---

① 亩为非法定计量单位，1亩=1/15公顷。
②③ 资料来源：《2015年全国农村经营管理统计资料》。

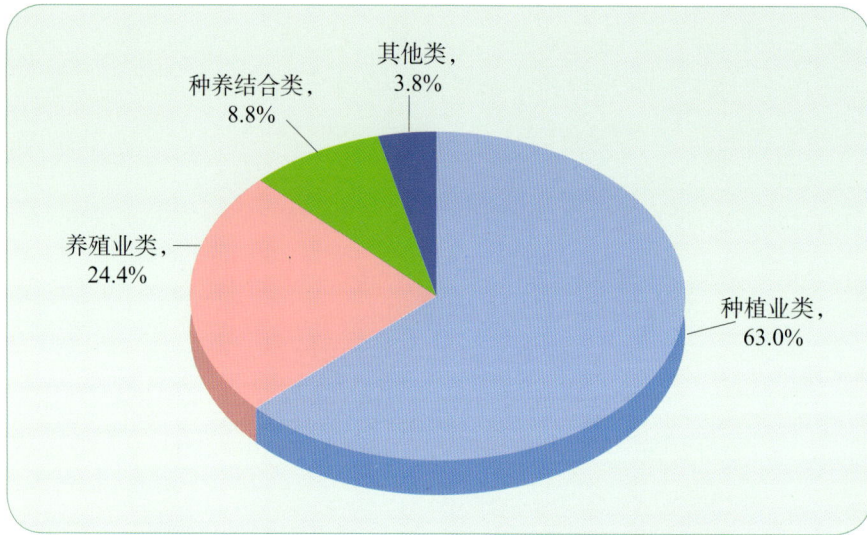

图12　全国经农业部门认定的家庭农场经营类型结构

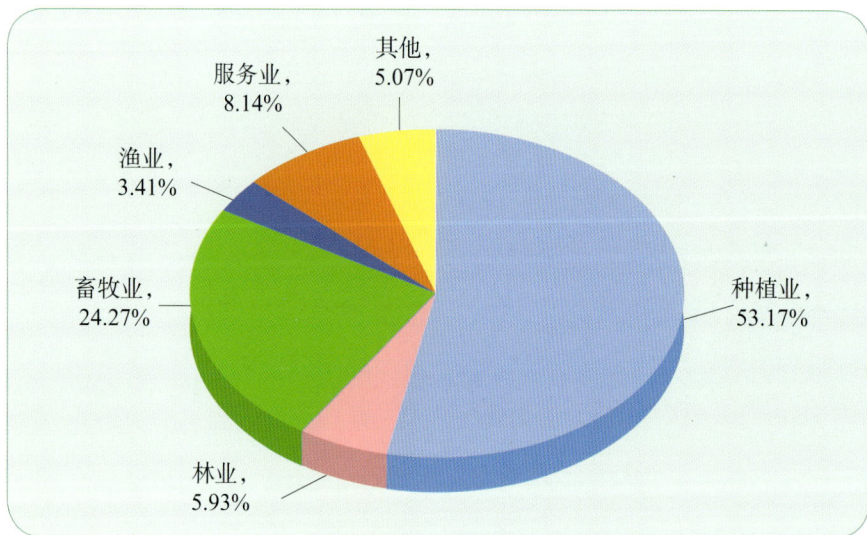

图13　全国农民合作社行业分类结构

　　按经营服务内容分，产加销一体化服务合作社706 748个；生产服务为主合作社380 892个；购买服务为主合作社47 155个；仓储服务为主合作社11 860个；运销服务为主合作社34 455个；加工服务为主合作社27 266个；其他合作社127 713个（图14）。从经营服务内容看，产加销一体化服务合作社最多。

　　2015年，全国农民合作社统一组织销售农产品总值78 662 797.9万元，统一组织购买农业生产投入品总值27 540 876.3万元，经营收入58 228 856.3万元，上交国家税金284 407万元，盈余10 251 905.1万元，可分配盈余9 450 571.1万元（表2）。

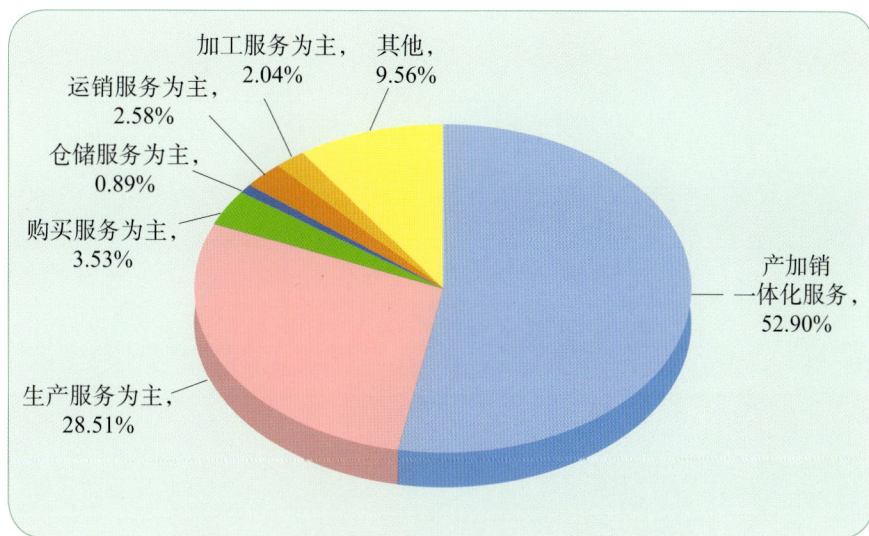

图14　全国农民合作社经营服务内容分类结构

表2　2015年全国农民合作社经营情况

类　别	平均值（万元）
统一组织销售农产品金额	58.88
统一组织购买农业生产投入品金额	20.61
经营收入	43.58
上交国家税金	0.21
盈余	7.67
可分配盈余	7.07

（三）新型职业农民作用发挥情况

1.引领现代农业发展

随着"四化同步"和城乡一体化加快推进，一批有文化、懂技术、善经营、会管理的新型职业农民加速涌现，引领现代农业发展。一是一批想务农、有经验的"老农"转变观念提升技能，成为新型农业经营主体的骨干力量。例如，山东省临沂市认定的6 257名新型职业农民，共领创办农民合作社1 653家，注册家庭农场267个，提升粮油等传统产业，发展蔬菜林果等优势产业，开发食用菌、花卉、中药材等新产业，打造了"生态沂蒙山、优质农产品"的农业名片。二是一批能创新、敢创业的"新农"加入职业农民队伍，成为农业转型升级的新力量。他们通过发展绿色生态农业以及农业电子商务、休闲农业等新业态新产业，有力地促进了一、二、三产业融合。例如，浙江省实施了"农创客"计划，累计支持2 000多名大学生到农村创业，从事种养业的占76%，从事农产品销售和配送的占23%，有效促进了当地农业的转型升级。三是一批高学历、有情怀的"知农"在职业培育中加速成长为农业后继者，推动农业可持续发展。一些地方积极探索，改革教育模式，创新教育内容与方式，立足未来农业发展培养后备人才，确保农业后继有人。例如，江苏省自2015年开始，针对省内高校所有涉农专业应届毕业生，开展了为期一周的新型职业农民创业创新培训，引导学生学农、爱农、务农，投身现代农业建设。

2.壮大新型农业经营主体

随着现代农业加快发展和新型职业农民培育工作有效开展，一大批新型职业农民快速成长，其中大部分是专业大户、家庭农场经营者、农民合作社领办人和农业企业骨干。他们运用新技术、新技能和现代发展理念进行创业，进一步壮大了新型农业经营主体，促进了农业适度规模经营发展。例如，江西省通过培育新型职业农民发展农民合作社3.96万家、家庭农场2.33万家，进一步壮大了新型农业经营主体，促进了农业产业化发展，提高了农业规模化、专业化、标准化、集约化水平。陕西省截至2015年底共培育认定高级职业农民266名、中级职业农民1 576名、初级职业农民13 959名，全部都是活跃在生产一线的种养大户、家庭农场经营者、合作社理事长、农业企业经营管理人员。江苏省完善土地流转政策，调整农村土地适度规模流转补贴政策，重点补助新型农业经营主体经营参与度高的100 ～ 300亩的土地规模流转，让农村土地有序流向以新型职业农民为主体的新型农业经营主体。目前，江苏省专业大户和家庭农场经营土地1 308万亩，占土地集中型规模经营的63.5%。

3.提高农业生产经营效益

通过开展新型职业农民培育工作，大力扶持农民，一批务农农民的综合素质和技能水平获得提升，土地流转、产业扶持、财政补贴、金融保险、社会保障、人才奖励激励等扶持政策不断向新型职业农民倾斜，显著提高了农业生产经营效益，有效促进了农民收入的稳步增长，达到了富裕农民的目的。例如，贵州省新型职业农民运用培训中学到的知识解决了生产中遇到的多数困难，减少了损失，提高了作物产量和品质，收入比往年有明显增长，家庭收入比当地平均水平要高出30%以上。在农业企业和合作社就业的农民，工资比培训前上涨200 ～ 700元不等，平均上涨超过400元，涨幅超过15%。山西省自愿接受新型职业农民培训并考核合格的农民，由所在县级农业行政主管部门颁发新型职业农民资格证书。有了资格证书，新型职业农民在全省范围内将可享受土地流转、生产设施建设、农业保险等10项新政策，大大提高了农业生产经营效益。

4.提升粮食和主要农产品保障能力

通过教育培训和政策扶持，不断提高新型职业农民队伍整体素质和生产积极性，新型职业农民在现代农业发展中扮演了越来越重要的角色。他们积极开展标准化、专业化生产，发展规模化、集约化经营，为确保国家粮食安全和主要农产品有效供给提供了基础支撑。例如，安徽省积极开展新型职业农民培育，提升农民的科技素质。2014年，在重点示范区农业科技贡献率达到59%，农业机械耕种收综合机械化水平达70%，分别比2013年提高2个和3个百分点，为实现全省粮食生产创历史新高提供了有力支撑。山东省滨州市滨城区围绕粮食、棉花、蔬菜等主导产业，开展新型职业农民培训工作，提升新型职业农民和科技示范户的科学素质。目前，科技示范户主导品种和主推技术到位率95%以上，有效保障了粮食、棉花和蔬菜等重要农产品的有效供给。

二、新型职业农民发展重大战略

2012年，中央文件首次提出大力培育新型职业农民。此后，党和国家领导人多次在重要会议上对新型职业农民问题进行阐述。中共中央、国务院先后印发多个文件对此进行部署安排，新型职业农民发展的重大战略地位逐步得以确立，新型职业农民培育工作在全国逐步铺开。

（一）重大战略提出背景

1.现实问题——解决"谁来种地"

解决13亿人的吃饭问题，始终是治国安邦的头等大事。近十多年来，我国农业生产连年丰收，农业综合生产能力稳步提升，粮食等重要农产品供给充裕，为经济社会发展和稳定提供了基础支撑。但是，我国农产品供给与城乡居民消费结构快速升级的要求还不相适应，农业生产面临成本"地板"和价格"天花板"双向挤压，农业资源存在长期透支、过度开发等一系列问题。习近平总书记强调，中国人的饭碗要牢牢端在自己手里，我们自己的饭碗主要装自己生产的粮食。今后提高我国农业综合生产能力，让十几亿中国人吃饱吃好、吃得安全放心，这一历史性使命将主要由农民来完成。

21世纪以来，随着我国农村青壮年劳动力大规模从农业转向非农产业、从乡村流动到城镇，农业劳动力问题更加突出。一是数量萎缩。统计表明，我国从农业生产转移出的农民工数量达2.77亿，目前仍以每年数百万的速度增长，务农农民尤其是青壮年农民急剧减少。二是结构失衡。留守农村的农民，以老年、妇女居多，浙江、江苏务农农民平均年龄已经达到57岁。三是素质堪忧。在务农农民中，小学、初中文化程度占到70%以上，农民具备基本科学素质的比例仅为1.7%，远低于全国6.2%的平均水平。四是后继乏人。农村新生代劳动力绝大部分选择"跳农门"，务农农民成了国民素质的"低洼地带"[①]。上述种种现象，导致"谁来种地"问题已经现实地摆在我们面前。只有加快培养造就一支新型职业农民队伍，充分调动其务农积极性，尽快形成一支高素质的农业生产经营者队伍，才能从根本上有效解决"谁

---

① 张桃林.解决好"谁来种地"的问题.求是.2016，23。

来种地"问题，国民经济的基础才会更加牢固。

2.发展问题——推进现代农业建设

《中共中央关于制定国民经济和社会发展第十三个五年规划的建议》明确提出，到2020年农业现代化取得明显进展。目前，我国农业正处在转方式调结构的关键时期，转变农业发展方式、推进农业供给侧结构性改革的任务十分艰巨。实现农业现代化，需要推动农业发展由数量增长为主转到数量质量效益并重上来，由主要依靠物质要素投入转到依靠科技创新和提高劳动者素质上来，由主要依靠拼资源拼消耗转到可持续发展上来，走产出高效、产品安全、资源节约、环境友好的农业现代化道路[①]。

然而，目前我国农业劳动生产率仍然偏低，仅相当于第二产业的1/8，第三产业的1/4，世界平均水平的1/2。造成这个结果的原因很多，其中很重要的一条就是支撑现代农业发展的人才青黄不接，农民科技文化水平不高，许多农民不会运用先进的农业技术和生产工具，接受新技术新知识能力不强[②]。农民是农业生产力中最活跃、最重要的因素，其他要素必须通过农民才能在农业生产上发挥作用。农民是现代农业发展的主体，农民职业化是农业基本现代化的重要指标。发展现代农业，必然要有与之相适应的新型职业农民。只有培养一大批具有较强市场意识，有文化、懂技术、善经营、会管理的新型职业农民，现代农业发展才能呈现另一番天地。

3.农民问题——变"身份"为"职业"

农民是我国最大的社会群体，农民问题关乎国家粮食安全和重要农产品有效供给，关乎全面建成小康社会目标实现和经济持续健康发展，关乎社会和谐稳定和国家长治久安[③]。然而，由于长期以来我国实行城乡二元经济结构，广大农民一直是社会结构的基础阶层。农业比较效益低、农村生活条件差、农民社会地位不高，务农不仅收入低，有时还得不到应有的尊重和公平待遇。看不起农业劳动和农民的现象较为普遍。从幼儿园到大学、从学校教育到家庭和社会教育，都有着强烈的"离农"价值取向。对于大多数农民及农民子弟来说，外出务工、跳出农门是普遍想法，留乡务农是迫不得已的选择。因此，正确认识和解决农民问题，需要提高农民收入，改善生产生活环境，提高农民的社会地位。

习近平总书记深刻指出，中国要富，农民必须富。彻底改变农民的"二等公民"地位，需要国家建立相应的政策导向和投入机制，需要通过教育培训提高农民的综合素质和职业能力，把普通农民培育成有文化、懂技术、善经营、会管理的新

---

① 韩长赋.加快转变农业发展方式　提高农业质量效益和竞争力.农民科技培训.2016，01:4-6。
② 韩长赋.大力培育新型职业农民，为建设现代农业提供人才支撑.农村工作通讯.2013，24:17-20。
③ 韩长赋.正确认识和解决当今中国农民问题.农村工作通讯.2014，03:15-17。

型职业农民，让他们获得稳定的、足够的职业收入，得到平等的社会保障，赢得应有的个人尊严和社会尊重。只有培育更多的新型职业农民，农民发展的内生动力和潜力才能得以激发和保持，农民才能从根本上真正掌握自己的命运，才能实现农民由身份向职业的转型跨越。由此富裕起来的新型职业农民将在改善自身生活的同时，逐步改变农村的落后面貌、推进农业的现代化进程，进而影响带动一大批农民、返乡人员、退役军人和有志青年投身农业，形成一支稳定的现代农业生产经营者队伍，农民问题才能从根本上得以解决。

4.能力问题——条件已经具备

党和国家高度重视"三农"工作。2004—2015年，中央连续印发12个以农业、农村和农民为主题的1号文件，对农村改革和农业发展做出具体部署。在中央政策指引下，国家财政投入"三农"资金不断加大。从2008年至2013年中央财政用于"三农"的支出累计达到5.85万亿元[①]，财政支农资金为"三农"发展提供了有力支撑。在中央政策和财政投入的支持下，我国开展了形式多样、内容丰富的农民学历教育和各类培训，如"百万中专生计划""绿色证书"培训、农村劳动力（转移）培训阳光工程、农村实用人才带头人培训等。这些工程项目为开展新型职业农民培育探索了路径，积累了经验。

在国家政策和工程项目的带动下，全社会关注农村、关心农业、关爱农民的社会氛围不断增强，一批高素质的青年农民正在成为专业大户、家庭农场经营者和农民合作社领办人，一批新型农业经营主体逐步涌现，一批大学生、返乡农民工和退伍军人加入到农民队伍中。据统计，截至2016年底[②]，全国家庭农场、农民合作社、农业产业化龙头企业等新型主体数量已经超过270万家。新型农业经营主体的快速发展，不仅为现代农业注入新鲜血液，而且在现代农业发展中扮演着越来越重要的角色。

可以看出，无论从国家政策、财政投入、工作基础，还是从农民队伍状况、新型农业经营主体发展来看，培育新型职业农民的条件都已具备，新型职业农民发展正当其时。

（二）重大战略形成过程

针对"谁来种地"问题，2012年中央1号文件提出大力培育新型职业农民，由此掀开了新型职业农民培育的序幕。

---

① 刘慧.用好国家财政支农资金.经济日报.2014-01-22，六版。
② 农业部：全国承包耕地流转比例已超过三分之一.新华网新闻.http://news.xinhuanet.com/politics/2016-11/17/c_1119933443.htm。

在2013年底召开的中央农村工作会议上，习近平总书记把"谁来种地"作为"三农"工作的五个重大问题之一，做了深刻阐述。习近平总书记指出，解决好"谁来种地"问题对我国农业农村发展和整个经济社会发展影响深远。核心是要解决好人的问题，通过富裕农民、提高农民、扶持农民，让农业经营有效益，让农业成为有奔头的产业，让农民成为体面的职业，让农村成为安居乐业的美丽家园。要提高农民素质，培养造就新型农民队伍，把培养青年农民纳入国家实用人才培养计划，确保农业后继有人。要把加快培育新型农业经营主体作为一项重大战略，以吸引年轻人务农、培育职业农民为重点，建立专门政策机制，构建职业农民队伍，为农业现代化建设和农业持续健康发展提供坚实人力基础和保障。习近平总书记的重要讲话明确了新型职业农民在"三农"工作乃至经济社会发展中的重要地位，由此将新型职业农民发展确立为农业现代化建设的重大战略。

此后，国家多次印发文件对新型职业农民发展做出全面部署。特别是2016年中央1号文件，单列一条强调要加快培育新型职业农民，从教育培训、体系构建、人员吸引、资金安排、政策扶持等方面进行部署，提出要把职业农民培养成建设现代农业的主导力量。2016年4月，在安徽省小岗村召开的农村改革座谈会上，习近平总书记强调要着力构建现代农业产业体系、生产体系、经营体系，加快构建职业农民队伍，形成一支高素质的农业生产经营者队伍。习近平总书记在小岗村的讲话和2016年中央1号文件再次凸显了新型职业农民队伍建设的重要性。新型职业农民发展重大战略形成过程见图15。

在国家的高度重视和政策指引下，新型职业农民发展重大战略得到了社会各界的高度关注和广泛支持，新型职业农民培育工作在全国蓬勃开展。

（三）重大战略实施情况

根据中共中央、国务院的战略部署，农业部、财政部等部委加强顶层设计，加大经费投入，落实工作责任，强化宣传引导，新型职业农民发展重大战略实施取得良好进展。

1.工作格局基本形成

2012年，农业部在全国选择100个农业县开展了新型职业农民培育试点工作；2014年，农业部与财政部共同启动实施新型职业农民培育工程；2015年，农业部会同教育部、共青团中央启动实施现代青年农场主培养计划。在中央政策指引和国家试点示范推动下，各级党委、政府高度重视，截至2016年6月，陕西、湖南、安徽、云南、山西、广西、江苏、四川、上海、山东10个省（自治区、直辖市）由政府或政府办公厅印发了专门文件，对新型职业农民培育工作做出全面部署。很多市县级

2012年	1月1日	中央1号文件：大力培育新型职业农民。
2013年	1月1日	中央1号文件：大力培育新型农民和农村实用人才，着力加强农业职业教育和职业培训。
	12月23～24日	中央农村工作会议：要以吸引年轻人务农、培育职业农民为重点，建立专门政策机制，构建职业农民队伍，为农业现代化建设和农业持续健康发展提供坚实的人力基础和保障。
2014年	1月1日	中央1号文件：加大对新型职业农民和新型农业经营主体领办人的教育培训力度。
	3月5日	2014年政府工作报告，"培育新型职业农民"被写入。
	5月2日	《国务院关于加快发展现代职业教育的决定》：积极发展现代农业职业教育，建立公益性农民培养培训制度，大力培育新型职业农民。
	11月20日	中共中央办公厅、国务院办公厅印发《关于引导土地经营权有序流转发展农业适度规模经营的意见》：制定专门规划和政策，整合教育培训资源，加快发展农业职业教育，壮大新型职业农民队伍。
2015年	1月1日	中央1号文件：积极发展农业职业教育，大力培养新型职业农民。
	3月5日	2015年政府工作报告：支持种养大户、家庭农牧场、农民合作社、产业化龙头企业等新型经营主体发展，培养新型职业农民，推进多种形式适度规模经营。
	7月30日	《国务院办公厅关于加快转变农业发展方式的意见》：加快建立教育培训、规范管理和政策扶持"三位一体"的新型职业农民培育体系。
	10月	中共中央办公厅、国务院办公厅印发《深化农村改革综合性实施方案》：制定专门规划和切实可行的政策，吸引年轻人务农，培育新型职业农民，造就高素质的新型农业生产经营者队伍。
	10月29日	《中共中央关于制定国民经济和社会发展第十三个五年规划的建议》：大力推进农业现代化，培养新型职业农民。
2016年	1月1日	中央1号文件单列段落，强调加快培育新型职业农民。
	3月5日	2016年政府工作报告：完善对家庭农场、专业大户、农民合作社等新型经营主体的扶持政策，培养新型职业农民。
	3月21日	中共中央印发《关于深化人才发展体制机制改革的意见》：健全以职业农民为主体的农村实用人才培养机制。
	10月10日	《国务院关于激发重点群体活力带动城乡居民增收的实施意见》：实施新型职业农民激励计划。
	10月17日	《国务院关于印发全国农业现代化规划（2016—2020年）的通知》单列段落强调，加快构建新型职业农民队伍。
	11月24日	《国务院办公厅关于完善支持政策促进农民持续增收的若干意见》单列段落强调，加强新型职业农民培育。

图15　新型职业农民发展重大战略形成过程

党委、政府将新型职业农民培育列为农业农村重点工作，明确相关部门责任，制定专门政策支持新型职业农民发展。各级农业部门强化组织领导，落实扶持政策，推动试点示范深入开展。一大批专业大户、家庭农场经营者、农民合作社骨干等新型农业经营主体带头人主动参加培训，提高综合素质、生产经营能力和专业化水平。经过几年的努力，初步形成了政府推动、部门联动、产业带动、农民主动的新型职业农民培育良好工作格局。

2. 制度框架基本确立

各地按照中央部署和农业部、财政部要求开展试点示范，在完善培育制度方面进行了积极探索和大胆实践。在培育环节上，坚持把教育培训作为新型职业农民培育的重点环节，突出培训的针对性、规范性和有效性；把规范管理作为构建新型职业农民队伍的重要手段，以素质能力、生产规模、经营效益、带动作用等为参考要素，分产业制定认定条件和认定标准，实现分类分级认定和管理；把政策扶持作为促进新型职业农民发展的重要保障，支持职业农民创业兴业。在培育对象上，坚持以专业大户、家庭农场经营者、农民合作社带头人、农业企业骨干等生产经营型职业农民为重点，兼顾专业技能型和专业服务型职业农民。在培育层次上，将新型职业农民分为初、中、高三个级别，既开展职业培训，也开展学历教育。经过几年的探索实践，基本确立了教育培训、规范管理、政策扶持"三位一体"，生产经营型、专业技能型、专业服务型"三类协同"，初级、中级、高级"三级贯通"的新型职业农民培育制度框架。

3. 培育条件逐步改善

在国家、各级政府和农业主管部门的重视与支持下，各地注重凝聚多方资源，不断改进培育手段，条件建设取得积极成效。目前，农业部正在推进新型职业农民信息化服务云平台建设，加快推进信息共享和精准服务，不断改善信息化服务手段。全国农业远程教育卫星网络拥有近1 000个卫星远端接收站，覆盖全国大部分省份，为新型职业农民远程教育提供了有效保证。各地也积极争取当地政府和相关部门支持，切实加强基础设施建设。2014年，山西财政投入290万元支持省农业广播电视学校建设新型职业农民培育教学资源远程支撑与管理系统，有效提升了教育培训能力。浙江、广西、山东和湖北等地充分发挥涉农院校师资队伍、教学设施、实训场所等方面优势，依托涉农院校建立职业农民学院（农民学院），聚合力量共同推进培育条件建设。浙江、重庆和宁夏等地在农民合作社、农业企业等新型农业经营主体方面建设了一批农民田间学校和实训基地，实行统一命名，规范挂牌，科学管理，有效促进了新型职业农民培育与产业发展深度融合。

4.经验模式不断涌现

各地在实践中探索出了很多特色鲜明、成效显著的经验和模式。例如，江苏省委省政府将"新型职业农民培育程度"纳入农业基本现代化指标体系，省农业委员会将新型职业农民培育增长率纳入全省农业系统重点工作考核指标，各市县将新型职业农民培育纳入目标考核重点内容。通过指标引领，各地强化了新型职业农民培育工作的政府行为，使新型职业农民培育成为现代农业建设的有力抓手。陕西、湖北和山西等地各级农业部门与相关机构深入村组开展摸底调查，了解掌握新型职业农民的培训需求，建立培育对象数据库，实现了培育对象的精准化。陕西安康、河北平泉以产业发展为主导，培训机构与农民合作社、农业企业、产业村、农业园区共同开展培育，形成了产教融合、校社（企、村、园）联动的培育模式。山东、湖北采取集中培训、考察实习、创业设计、后续服务等方式，全面提升农民综合素质和创业能力，探索出创业兴业推动型培育模式。湖南隆平种业有限公司与中央农业广播电视学校签署了战略合作协议，在遴选培育对象、制订培育方案、开发教学资源、建设师资队伍、建立实训基地、开展技术服务等方面探索创新，建立了校企联动的培育模式。

三、新型职业农民队伍建设

按照中共中央、国务院部署要求和农业部、财政部等部委关于新型职业农民培育工作安排，各地以实施新型职业农民培育工程为主要依托，紧扣当地实际，积极探索，大胆实践，不断完善"三位一体""三类协同""三级贯通"的新型职业农民培育制度，为规范化、系统化培育新型职业农民，加快构建新型职业农民队伍奠定了基础。

（一）新型职业农民培育工程

为深入推进新型职业农民培育工作，2012年，农业部在全国100个县启动了新型职业农民培育试点工作，取得了初步成效。在此基础之上，2014年，农业部、财政部启动实施新型职业农民培育工程，在全国遴选一批省、市、县作为新型职业农民培育重点示范区，发挥示范带动作用，加快培养新型职业农民。

1.目标和任务

工程主要有3项目标和任务：一是构建新型职业农民队伍。以服务现代农业产业发展和促进农业从业者职业化为导向，着力培养和构建一支有文化、懂技术、会经营的新型职业农民队伍，为发展现代农业提供强有力的人才支撑。二是探索建立培育制度。适应现代农业发展要求，建立适合我国国情的新型职业农民培育制度，通过教育培训提高职业农民综合素质和生产经营水平，通过规范管理引导农民走上职业化发展道路，通过政策支持提高职业农民自我发展能力。三是建立健全培育体系。充分发挥各级农业广播电视学校（以下简称农广校）（农民科技教育培训中心）的作用，创新运行机制，统筹利用好农业职业院校、农技推广服务机构、农业高校、科研院所等公益性教育培训资源，并积极引导农民合作社、农业企业、农业园区等社会化教育培训资源参与培育工作，构建新型职业农民培育体系。

2.基本原则

工程坚持4项基本原则：一是政府主导。新型职业农民培育具有公共性、基础性和社会性，坚持政府加强统筹协调，制定扶持政策，加大经费投入，改善培育条件，营造良好氛围。二是市场机制。发挥市场在资源配置中的决定性作用，尊重农民意愿，满足农民需求，调动农民参与培育积极性；建立各类主体参与培育的有效机制，增强培育活力，规范培育行为，提高培育质量。三是立足产业。把服务现代农业产业发展作为培育新型职业农民的出发点和落脚点，围绕农业供给侧结构性改革工作主线，以绿色发展为导向，以提质增效和农民增收为目标，着力培育壮大新型农业经营主体，加快推进农业转型升级，促进主导产业、特色产业和优势产业做大做强。四是精准培育。着眼构建新型职业农民队伍，科学遴选培育对象，分产业、分类型、分层级、分模块实施教育培训，强化跟踪服务、政策扶持和规范管理，把新型职业农民培养成建设现代农业的主导力量。

3.实施情况

（1）加大投入力度。工程启动以来，中央财政持续加大投入力度，支持开展新型职业农民培育工作。2014年、2015年每年安排11亿元专项资金，2016年中央财政投入增加至13.9亿元（图16）。在中央财政的示范引导下，各地也纷纷加大新型职业农民培育资金投入力度。例如，近几年江苏财政每年投入1亿元；山西财政每年整合1亿元专项资金；安徽财政2014—2015年每年安排4 000万元专项资金，2016年将新型职业农民培育工作纳入省民生工程，整合各类资金1亿元。据不完全统计，截至2015年底，省、市、县各级财政投入资金超过20亿元[①]。

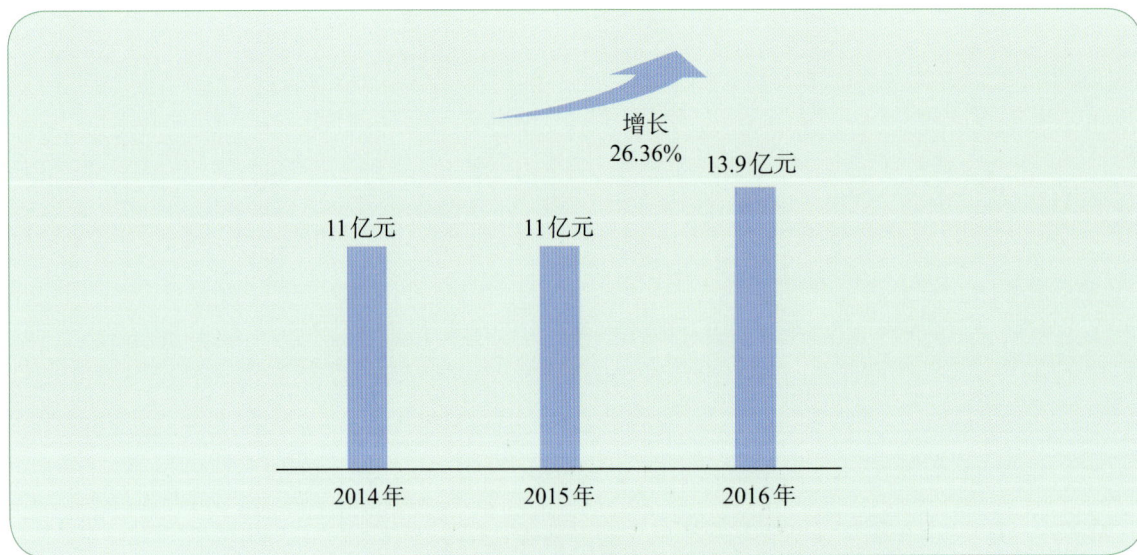

增长
26.36%

13.9亿元

11亿元   11亿元

2014年   2015年   2016年

图16 2014—2016年中央财政资金投入新型职业农民培育情况

（2）扩大示范培育范围。2014—2016年，示范范围由2个省、14个市和300个县扩大至8个省、30个市和800个县。在新型职业农民培育工程示范带动下，截至2015年底，全国1 500多个农业县开展新型职业农民培育工作（表3）。

---

① 农业部副部长张桃林在全国新型职业农民培育经验交流会暨农广校工作会议上的讲话。2016-06-27。

表3　2014—2016年新型职业农民培育工程实施范围

单位：个

年　份	示范省	示范市	示范县
2014年	2	14	300
2015年	4	21	487
2016年	8	30	800

（3）培育一批新型职业农民。截至2015年底，通过实施新型职业农民培育工程，共培育新型职业农民200万人。从培育对象类型看，以生产经营型职业农民为主，占一半以上，其他两类职业农民培育人数基本相当（图17）。从地区分布看[①]，中部地区培育人数最多，西部次之，东部最少（图18）。

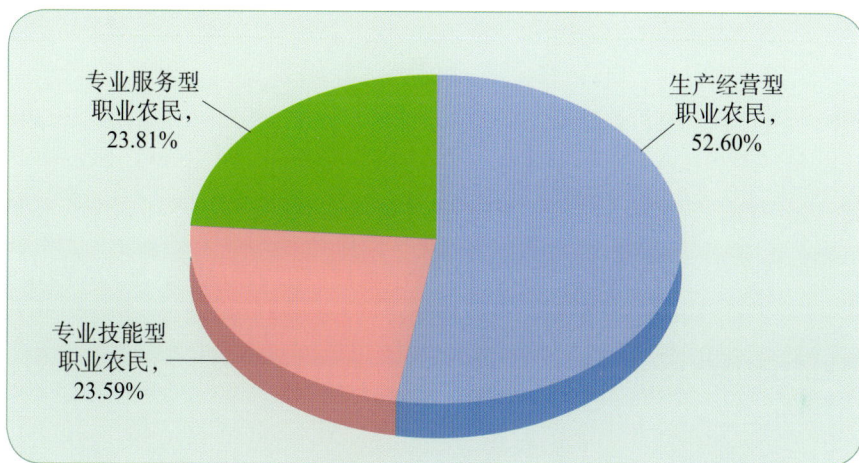

图17　2014—2015年新型职业农民培育工程培育人员类型分布

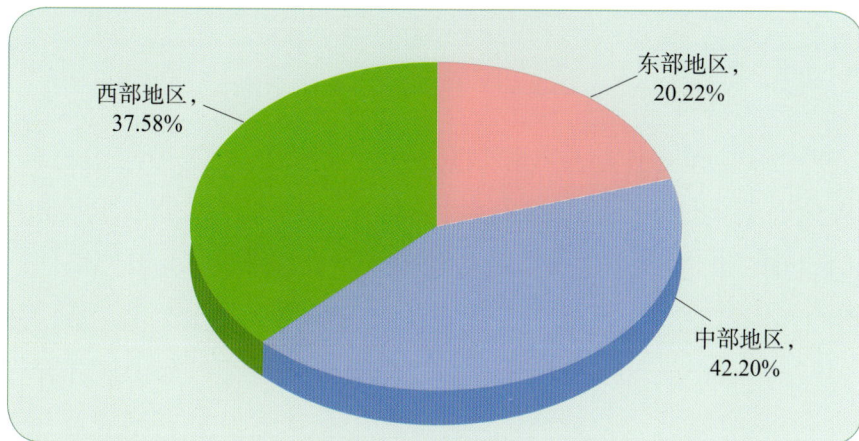

图18　2014—2015年新型职业农民培育工程培育人员区域分布

----

① 东部地区包括北京、天津、河北、辽宁、上海、江苏、浙江、福建、山东、广东和海南11个省（直辖市）；中部地区包括山西、吉林、黑龙江、安徽、江西、河南、湖北、湖南8个省；西部地区包括四川、重庆、贵州、云南、西藏、陕西、甘肃、青海、宁夏、新疆、广西、内蒙古12个省（自治区、直辖市）。

（4）创新培育方式。新型职业农民培育工程实现了4个方面的创新：一是理念创新。推进从培训到培育的转变，从只通过培训传授知识和技能转变为通过教育培训、规范管理和政策扶持，让工作覆盖新型职业农民成长的全过程，为培育对象创造良好的成长环境和创业发展条件。二是方式创新。推进从办班到育人的转变，采取适应成人学习和农业生产规律的"分段式、重实训、参与式"培育，推广"一点两线、全程分段"的培训方式。围绕产业发展，以生产技能和经营管理水平提升为主线，实施分段集中培训、实训实习、参观考察和生产实践，实现产业周期全程覆盖。同时，大力推行农民田间学校和送教下乡模式，提高培育参与性、互动性和实效性。三是管理创新。推进从培训过程考核到绩效考核的转变，建立了科学合理的考评机制。培训过程不再是考核的重点，而是将培训过程、产业发展与培育对象的满意度作为衡量培育效果的综合指标，使培训效果看得见、摸得着。四是手段创新。推进从传统培训到现代化、信息化培训的转变，努力构建新型职业农民基础数据库和服务数据库，为新型职业农民提供在线教育培训、移动互联服务、在线管理考核和全程跟踪服务。

4.两个计划

依托新型职业农民培育工程，实施现代青年农场主培养计划和新型农业经营主体带头人轮训计划。

（1）现代青年农场主培养计划。为激发农村青年创新创业活力、吸引留住农村优秀青年在农村建功立业，2015年，农业部会同教育部、共青团中央启动实施了现代青年农场主培养计划，每年在全国遴选1万名具有一定产业基础和高中及以上学历，年龄在18～45周岁的专业大户、家庭农场经营者、农民合作社骨干、返乡创业大学生、返乡农民工和退伍军人等培育对象，通过两年培训指导、创业孵化、政策扶持和一年的后期跟踪服务，在全国培育形成一支创业能力强、技能水平高、带动作用大的青年农场主队伍。

（2）新型农业经营主体带头人轮训计划。为贯彻落实2016年中央1号文件关于"开展新型农业经营主体带头人培育行动，通过5年努力使他们基本得到培训"的要求，农业部自2016年起组织实施新型农业经营主体带头人轮训计划，以专业大户、家庭农场经营者、农民合作社带头人和农业企业骨干为主要对象，利用5年时间轮训一遍，每年培训100万人。重点培训生产技能与经营管理知识，并开展新型职业农民认定管理、跟踪服务和政策扶持，促进新型职业农民和新型农业经营主体"两新"并行、"两新"融合、一体化发展。

（二）新型职业农民职业教育

新型职业农民职业教育是对务农农民和农业后继者进行的文化知识、职业技能和职业道德等教育，系统性、专业性、实用性是其主要特点，主要培养具有较高综合素质、生产经营能力或专门农业技术技能的新型职业农民，全面提升受教育者的职业发展能力，为现代农业发展提供高素质的技术技能人才。教育层次主要包括中等职业教育和高等职业教育。当前新型职业农民职业教育以务农农民中等职业教育为主，重点培养具有中等职业学历的专业大户、家庭农场经营者、农民合作社骨干和农村基层组织负责人。

1.务农农民职业教育

根据务农农民学习具有年龄偏大、学习不能脱离产业、注重实践运用等特点，务农农民职业教育主要采取"送教下乡""农学结合"模式，把教学班办进农村基层、办进合作社、办进农业企业，直接面向农业农村生产一线就地就近培养新型职业农民。

（1）中等职业教育。为培养一支规模宏大、结构合理、素质优良的农村实用人才队伍，2005年农业部印发《关于实施农村实用人才培养"百万中专生计划"的意见》，计划用10年时间，依托全国农广校系统和农业中等职业学校，为农村培养100万名具有中专学历的从事种植、养殖、加工等生产活动的人才，以及农村经营管理能人、能工巧匠、乡村科技人员等实用型人才。各教育培训机构根据农业农村经济发展需要，以培养农村实用型人才为目标，围绕现代畜牧、水产和服务业等重点领域开设专业，通过现代职业教育教学方式，面向社会、面向市场办学，积极为各地主导产业和特色产业发展培养人才。全国农广校体系作为农民教育培训专门机构，通过体系上下联动落实培养任务、多渠道争取支持保障计划实施、规范教学管理确保培养质量、突出农业特色优化专业课程、创新培养模式满足农民需求等做法，大力推进"百万中专生计划"实施，截至2015年底累计招收学员112万人。目前，毕业学员近90万人，圆满完成预期100万人的培养任务，为广大农村输送了大批留得住、用得上、懂经营、会管理的实用人才。

在前期工作有效开展的基础上，为加快建立新型职业农民职业教育制度，2014年，教育部办公厅、农业部办公厅印发了《中等职业学校新型职业农民培养方案试行》（以下简称《培养方案》），对农业中等职业教育进行改革。一是放宽招生对象。在目标群体上，把农业从业人员作为主要培养对象，并将招生年龄放宽至50岁以下，有效解决了新型职业农民培养的持续性问题。二是采用学分制管理。明确学员的培训经历、职业资格、表彰奖励等可以认定折抵学分，2 ~ 6年内完成学分要求即可毕业，有效解决了职业教育与职业培训的协同性问题。三是实行弹性学制。对务农农民取消顶岗实习，明确学员可根据生产工作实际灵活选择课程和学习时间，采用农学结合、农学交替等方式分阶段完成学业，有效解决了专业教育与产业教育的融合性问题。四是突出实践教学。明确教学安排与农时农事结合，教学内容与关键农业生产环节的核心技术结合，实践教学学时不低于理论教学，突出职业要求和岗位技能，有效解决了理论教学与实践教学的一体化问题。五是打通专业限制。明确设置公共基础课、专业核心课和能力拓展课，要求大量安排能力拓展课，确保学员能选择符合自身生产实际需要的课程，有效解决了教育培养能力素质复合性问题。

《培养方案》有力推动了各地新型职业农民中等职业教育发展。浙江省自2008年以来一直对农民学员接受中等职业教育实行单独招生、免试入学、免费就读的优惠政策。《培养方案》印发后，在原有工作基础上，根据本省农村产业发展需求开设了种植、畜禽养殖等四大专业类24个专业方向，将专业大户、农民合作社人员、乡村干部等作为培养重点，按乡镇、农民合作社等为单位分片集中招生，把教学班设在乡（社），让教师下到乡（社）教学班开展教学辅导。2014—2015年，累计招录9 550人，毕业8 372人（含往届），为地方培养了大批具有中等学历的新型职业农民。

江苏省高度重视农民职业教育工作，2012年明确非全日制涉农专业学生享受学费减免政策。《培养方案》印发后，面向农村大力开展农民学历教育，大胆探索"半农半读"农民学历教育新模式。按照理论教学与实践教学并举、知识传输与技能培养并重、田边指导和生产实习并融、在校学习与跟踪服务并行的办法，把教学班办到乡镇、办到村部，方便农民学习，并采取全省"统一招生、统一计划、统一教材、统一考试"的方式，形成了系统的教学管理制度。2014—2015年，累计招录8 699人，毕业11 820人（含往届）。有效提高了新型职业农民学历水平，为江苏现代农业发展培养了一批"有学历、留得住、用得上"的新型职业农民。

（2）高等职业教育。开展农民高等职业教育，对于全面系统提升农民的职业能力，为现代农业发展提供高层次、高素质的农业技术技能人才，推动现代农业持续发展具有十分重要的意义。当前，我国务农农民职业教育以中等职业教育为主，农民高等职业教育尚处于起步阶段，北京、福建等地对农民高等职业教育进行了积极探索。

福建省为解决农村务农劳动力学历偏低、后继乏人的问题，于2013年启动了新型职业农民素质提升工程。按照服务产业、农学结合、方便农民、自愿参加的原则，采取基层农业部门推荐和学校招生相结合的办法，每年选送2 000名具有高中文化程度（或同等学力）的专业大户、家庭农场经营者、农民合作社负责人和返乡创业农民工等，到福建农林大学、福建农业职业技术学院等农业院校接受三年大专学历教育。福建省财政对全部学员采取免试入学、免除学费、给予学习补助的优惠政策，极大地调动了农民学习积极性。截至2015年底，全省在校农民学员5 951人，有效推动了新型职业农民骨干队伍建设，在该省特色现代农业发展人才支撑方面发挥了积极作用。

近年来，针对农业劳动力整体素质不高的状况，北京市以农广校四级网络办学体系为基础，以农业职业院校为依托，面向35周岁以下的优秀中专毕业生招收全日制高等农业职业教育学员，探索农民高等职业教育新途径。2016年，首次招收了农民合作社运营与管理、现代农业技术、休闲农庄经营与管理3个专业113名学员，进行为期三年的全日制、免学费高等职业教育。与普通高职培养方式不同，在课程设置和教学内容选取上，充分体现普通高职教育的通识性和农业农村特色；在教学形式上，实行半农半读、农学结合；在教学安排上，实行理论教学和实践教学、集中学习和分散学习、线上学习和线下学习、共性考核和个性考核四个结合，建立学分银行制度。这一做法意味着北京在全国率先实现了新型职业农民中等职业教育与高等职业教育的有效衔接。

2. 农业后继者职业教育

农业后继者是推进农业现代化建设的后备力量，特别是20～30年后随着现有一大批务农农民退出农业领域，农业后继者将成长为发展现代农业、确保国家粮食安全和主要农产品有效供给的中流砥柱。当前，我国农业发展面临后继乏人问题，"70后不愿种地，80后不会种地，90后不谈种地"现象普遍存在。培养农业后继者，需要提前谋划、积极探索应对。针对地方农业发展对高层次农业人才的需求，江苏、安徽等地对农业后继者培养进行了有益尝试，取得了良好效果。

江苏省太仓市农业和农村劳动力比重较小，在现代农业建设中农业专业技术人才特别是年轻技术人员缺失成为发展瓶颈。为此，太仓市政府自2013年起安排专项资金实施新型职业农民培养工程，选择具有太仓市户籍的应、往届高中毕业生，委托苏州农业职业技术学院等院校开展三年制大专学历教育，毕业后统一调配至各镇（区）所辖村或合作农场，从事农业生产经营、技术服务、管理等工作，并在工资待遇等方面享受一定优惠。经过两年多实践，该做法得到了政府、学校、社会的一致好评。2015年，苏州市政府推广这一做法，要求全市每年培养300名本地户籍农业院校毕业生，进一步强化农业后继者队伍。

安徽农业大学与团省委、荃银高科种业有限公司于2012年共同举办现代青年农场主创新创业实验班，对立志从事农业创业就业的在校本科生，通过校企共同制订人才培养目标和培养方案，多学科专业交叉培养人才，共同开展培养过程管理，合作共建创新创业实践实训及孵化基地，共同推动创业实训和创业孵化等多种措施，将其培养成适应我国现代农业发展，满足农业集约化、适度规模化生产需要的创新型青年农场主。该培养方式充分发挥了院校、企业、政府的各自优势，建立了政企校共同育人机制，创新了人才培养课程体系，探索了高层次、应用型农业后继者培养的有效途径。

（三）新型职业农民规范管理

新型职业农民培育是一项关系"三农"发展的基础性、长期性、创新性工作，是一项复杂的系统工程，必须提升管理水平，加强新型职业农民认定管理、培育管理、信息管理，推进培育工作精准化、规范化、标准化，才能确保新型职业农民培育工作质量与效果，培养造就高素质现代农业生产经营者队伍。

1.培育管理

在对象遴选上，为做到精准培育，各地以县为主，深入开展调研摸底。重点围绕地方主导和特色产业选择对象，生产经营型职业农民培育重点遴选种养大户、家庭农场、农民合作社、农业企业以及社会化服务组织的骨干人员作为培育对象，促进新型农业经营主体发育。新型职业农民培育信息管理系统数据显示，培育对象以生产经营型职业农民为主（图19），以种养大户为主（图20）。

在培训标准建设上，一是加强工作指导。2012年，农业部办公厅印发了《农业部新型职业农民培育试点工作的指导意见》；2013年，农业部农民科技教育培训中心印发了《新型职业农民培训指南》，指导各试点县明确工作目标和内容，探索培训模式，增强培训的针对性和时效性。二是编制培训规范。按照产业分类和社会化分工，2014年农业部开始编制培训规范，截至2016年底已发布3批共65种，基本构建了产业、工种、岗位配套的培训规范体系（表4）。2016年开始推进分层分类培训，印发了《现代青年农场主指导性培训方案》和《新型农业经营主体带头人指导性培训方案》，对培训对象、目标、课程体系、培训形式、考核评价和组织管理等提出了系统要求，推进了新型职业农民培育工作规范化。三是加强实践探索。在农业部指导下，各地结合实际，不断探索规范培训工作内容和程序，如山西、内蒙古、陕西等省（自治区、直辖市）细化制定了本地新型职业农民培训相关标准，明确培训内容、学时数、培训方式、培训教师、培训地点、考试考核等，有效提升了培训质量。

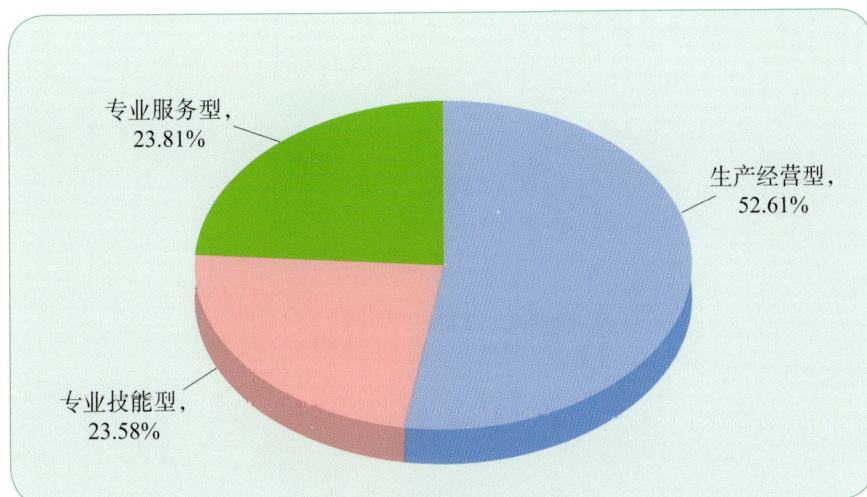

图19　2014—2015年新型职业农民培育对象类型分布

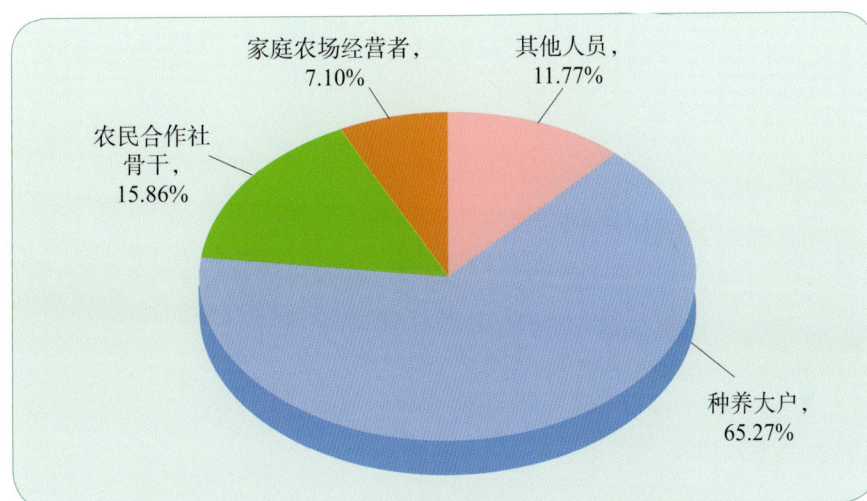

图20　2014—2015年新型职业农民培育对象领域分布

表4　2014—2016年农业部发布新型职业农民培训规范类型

单位：种

年　份	生产经营型	专业技能型	专业服务型
2014年	20	—	—
2015年	15	7	8
2016年	—	7	8
合　计	35	14	16

　　在培育教材建设上，一是加强统筹规划。2015年，农业部印发《关于加强新型职业农民培育教材建设的通知》，提出建立教材规划、信息发布、选用、评价和绩效考评等制度，促进教材建设规范有序发展；明确了统分结合、统筹规划的教材建

设思路，由中央农广校（农业部农民科技教育培训中心）承担全国通用教材规划和开发、规划教材遴选、教材信息发布等具体工作，各省农业行政主管部门负责规划和开发区域教材，地、县农业主管部门负责地方特色教材的开发。二是开发培育教材。按照农业部新型职业农民培育教材开发规划，截至2016年底，中央农广校围绕新型职业农民培育课程体系开发了《现代农业生产经营》《农民素养与现代生活》等39种通用精品教材。按照全国新型职业农民培育教材开发分工要求，各地积极组织开发区域教材。截至2015年底，全国共有16个省（自治区、直辖市）提出2016年区域教材开发计划114种；截至2016年11月底，河北、上海、河南等10个省（自治区、直辖市）开发的41种教材已出版使用。三是规范教材选用。为促进优质教学资源共享，有效引导各地以提高培训效能为目标，规范教材选用工作，2016年，农业部开展教材评价遴选工作，发布了包括26家单位组编的种植、养殖、农业工程、经济管理、公共基础5个大类131种教材的《全国新型职业农民培育推荐教材目录（2016年）》（图21），为各地教材选用提供了优质来源。

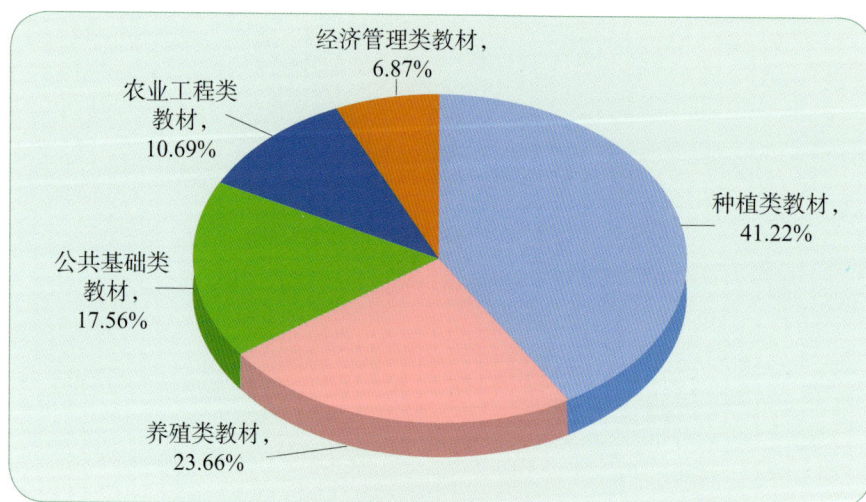

图21　2016年全国新型职业农民培育推荐教材类型

在绩效考评上，一是明确考核要求，制定考核指标。按照简政放权的原则，工程实行"五到省、一挂钩"的项目管理模式，将项目资金切块到省、目标任务落实到省、审批权限下放到省、管理责任明确到省、绩效管理延伸到省，将绩效考核结果与资金安排挂钩。2016年，国务院办公厅将新型职业农民培育工作纳入农业现代化和粮食安全省长责任制进行考核，农业部制定了《全国新型职业农民培育工作绩效考评指标体系（试行）》，并开展新型职业农民培育工作绩效考评试点，提升新型职业农民培育质量水平。二是严格考评工作。各地高度重视绩效考评工作，制订绩效考核办法，细化考核指标，按年度开展考评工作，做到规范管理。如天津将新型职业农民培育纳入市政府重点督查工作范围，采取每月重点抽查、每季全面检查、随时跟踪督查、年底组织考核的方式，确保培育工作落到实处。上海将新型职业农民培育列入市委、市政府重点工作，并纳入目标管理系统，每月上报工作进展，促使培育工作加快推进。江苏采用多样化评估形式，并根据实际需要探索引入第三方实施专业鉴证。对通过验收的，按规定及时兑付财政补助资金；对没有通过验收的，限期整改，否则终止项目并收回财政补助资金。

2. 认定管理

认定管理是衔接教育培训和政策扶持的关键环节，对于精准培训、精准扶持新型职业农民至关重要。2012年起，农业部开始探索新型职业农民认定工作。2015年印发《关于统筹开展新型职业农民和农村实用人才认定工作的通知》，建立了项目县具体实施、省加强协调、农业部统筹指导的三级联动认定工作架构。

（1）明确认定原则。坚持政府主导，强化统筹协调，制定扶持政策，加大扶持力度，提高认定的含金量和吸引力；坚持农民自愿，充分尊重农民意愿，着力通过政策吸引和宣传引导，调动农民的积极性和主动性，不强制和限制农民参加；坚持突出重点，把新型职业农民作为农村实用人才认定的重点，把生产经营型职业农民作为新型职业农民认定的重点，逐步巩固认定工作基础，扩大认定覆盖面；坚持因地制宜，各地结合实际，围绕现代农业发展，提出从业者素质和能力的条件要求，细化标准，科学分类认定。

（2）建立认定制度。在认定主体上，以县级人民政府为主或授权县级农业主管部门组织开展认定，并制定发布认定管理办法。截至2016年底，共有天津、河北、山西等18个省（自治区、直辖市）制定了省级新型职业农民认定管理办法（指导意见、细则），近600个县出台了认定管理实施办法，对认定条件、认定程序、承办机构、相关责任等进行了明确。在认定标准上，由各地根据产业发展水平，以教育培训情况、技能水平、生产规模、经营效益和带动作用等为指标，分类型、分产业提出生产经营型职业农民认定条件，并据此逐步建立初、中、高三级认定标准；对于专业技能型和专业服务型职业农民，鼓励参加国家职业技能鉴定。在认定程序上，由农民本人提出申请，由县级农业主管部门进行认定，对符合条件和标准的农民进行公示，公示无异议后，认定为新型职业农民，发放全国统一式样的《新型职业农民证书》，作为享受相关扶持政策的依据，并实行动态管理。在认定承办机构上，由县级农广校等专门机构作为承办机构，负责受理审核、建档立册、证书发放、信息维护等具体事务，确保认定工作有序开展。新型职业农民培育信息管理系统数据显示，2016年全国共有1 732个机构、部门承担认定相关事务。其中，农广校占35.28%，农业行政主管部门占21.88%，其他公办机构占15.07%，农技推广服务机构占13.39%，其他各类机构占14.38%（图22）。

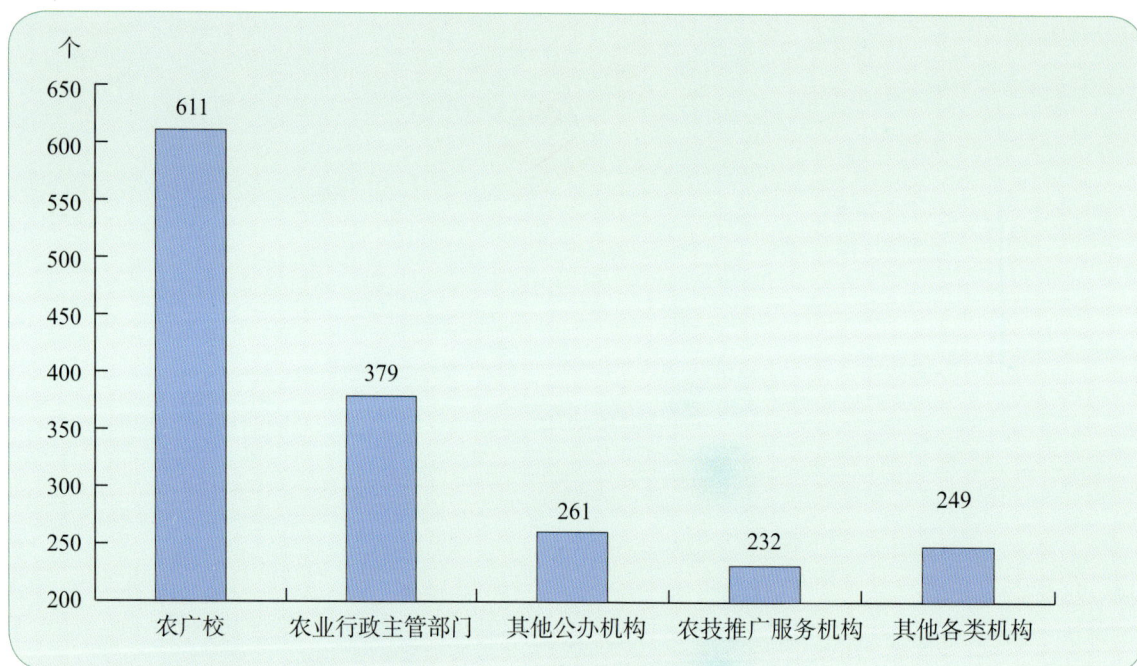

个

图22　2016年承担新型职业农民认定相关事务的机构、部门分布

（3）认定了一批新型职业农民。新型职业农民培育信息管理系统数据显示，2014—2015年，全国共有1 121个县开展认定工作，认定新型职业农民217 935人，占培育总人数的10.89%。其中，认定生产经营型职业农民159 125人，专业技能型职业农民26 156人，专业服务型职业农民32 654人（图23）。东部地区认定56 081人，中部地区认定75 801人，西部地区认定86 053人（图24）。

根据对河北、辽宁、吉林等21个省（自治区、直辖市）抽样调查的67 259名经过认定的生产经营型职业农民数据分析，认定人员以男性为主，占78.73%，女性占21.27%。从人员分布看，以种养大户为主（图25），文化程度以初中为主（图26）。从事产业以种植业为主（图27），认定级别以初级为主（图28）。

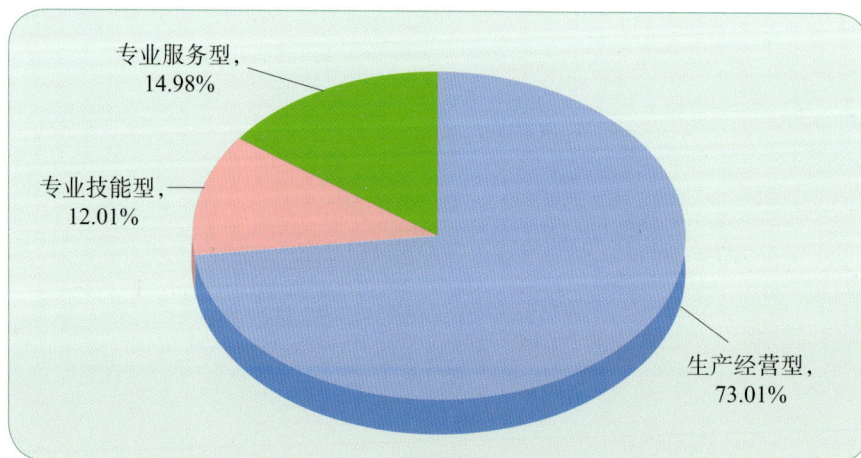

专业服务型，
14.98%

专业技能型，
12.01%

生产经营型，
73.01%

图23　2014—2015年全国认定新型职业农民类型分布

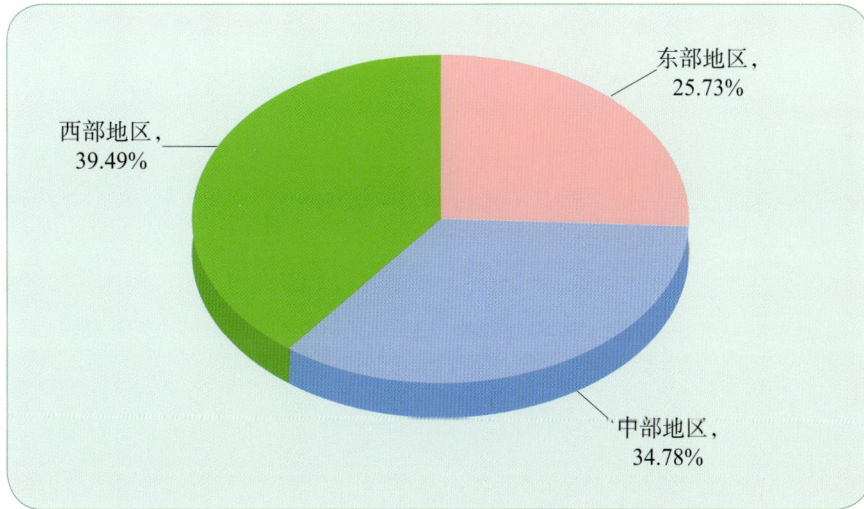

图24　2014—2015年全国认定新型职业农民区域分布

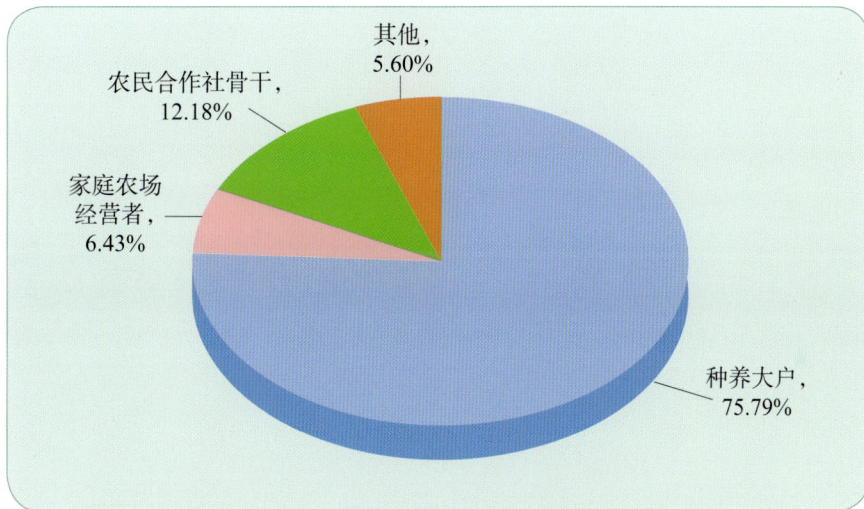

图25　经过认定的生产经营型职业农民领域分布（抽样调查）

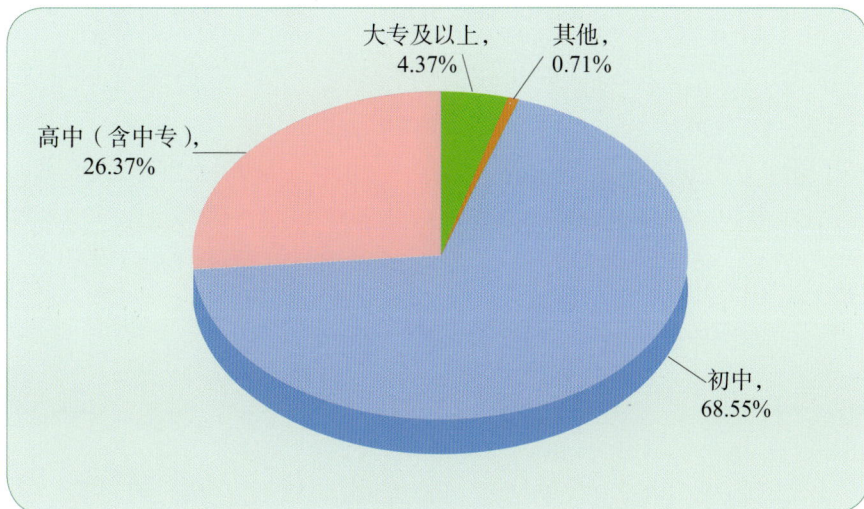

图26　经过认定的生产经营型职业农民文化程度分布（抽样调查）

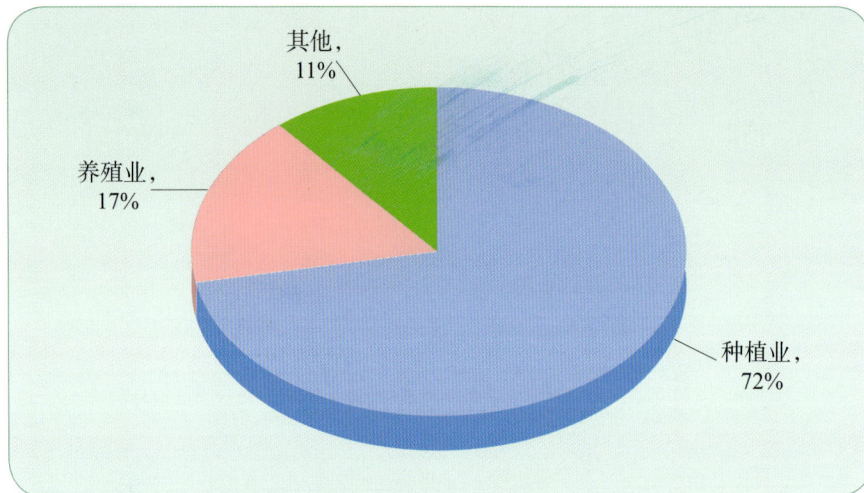

图27　经过认定的生产经营型职业农民行业分布（抽样调查）

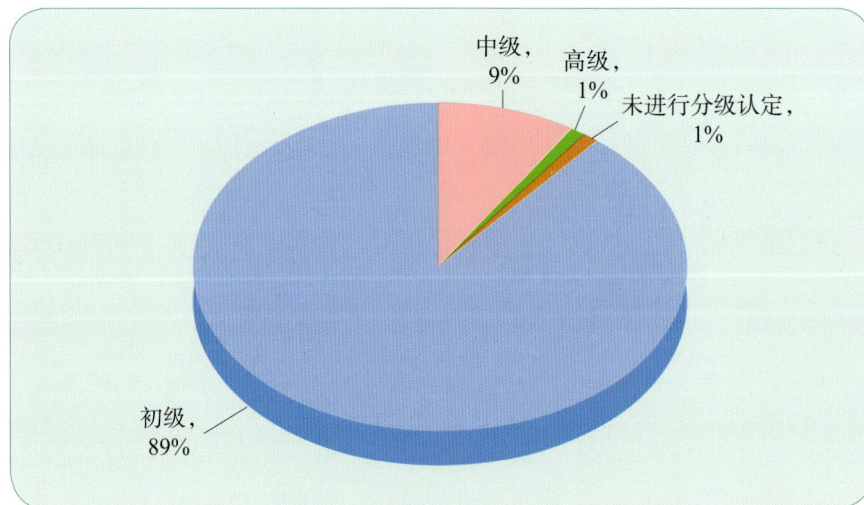

图28　经过认定的生产经营型职业农民认定级别分布（抽样调查）

3.信息管理

（1）搭建信息管理平台。为充分利用信息化手段，加强对新型职业农民培育工程的管理、支撑和服务，农业部组织开发了新型职业农民培育信息管理系统，基本构建了新型职业农民培育的"六库一系统"，即培育对象库、教育培训库、认定信息库、师资库、教材库、培育基地库和申报系统，实现了对象遴选、教育培训、规范管理、跟踪服务等各环节信息连接互通，健全了新型职业农民培育信息档案，提高了新型职业农民培育信息化管理服务水平。

（2）加强信息管理。2016年，新型职业农民培育工程实行学员全部在线申报和审核，各地及时录入培育对象的基本情况、教育培训、产业发展等信息，将认定的新型职业农民纳入信息库，根据年度变化情况及时更新，建立动态管理机制，为培养和稳定新型职业农民队伍提供了强有力的支撑和服务。如陕西建立了全省新型职业农民培育对象数据库，入库11万多人。杭州市搭建了"一网两库"平台，对入库的14万新型职业农民和农村实用人才进行调查研究、培训安排、人才选拔等，有效推进了队伍管理。截至2016年底，已有近50万名新型职业农民纳入全国培育对象库，带动近40万名新型职业农民录入省级对象库，队伍精准化管理水平有效提升。

（四）新型职业农民政策扶持

政策扶持是新型职业农民培育的重要环节，是增强新型职业农民吸引力和促进新型职业农民发展的关键措施。加强对新型职业农民的政策扶持，有利于提高国家强农富农惠农政策的针对性和有效性，调动农民务农积极性；有利于确保有限的农业资源由高素质农民经营，提高农业劳动生产率、土地产出率和资源利用率；有利于提高农民的生产经营效益，推进农民职业化进程。新型职业农民政策扶持的范围很广，主要包括教育培训、产业发展、社会保障和激励等方面的政策扶持。

1.教育培训扶持政策

（1）培训补助政策。从1999年开始，国家先后组织实施了跨世纪青年农民培训工程、农村劳动力（转移）培训阳光工程、新型农民科技培训工程，并开展农村实用人才带头人和大学生"村官"示范培训，由中央财政对参加培训的农民按照一定标准进行培训资金补助。

2014年和2015年，中央财政分别安排11亿元农民培训专项资金实施新型职业农民培育工程，重点补助培育生产经营型职业农民，适当兼顾专业技能型和专业服务型职业农民。具体补助标准由各地结合实际确定，实行差别补助，同一培育对象3年内不得重复支持。2015年，启动实施现代青年农场主培养计划，每年选择1万名对象进行连续3年培育，中央财政连续支持2年，每人补助经费标准每年不少于3 000元。2016年，中央财政安排13.9亿元专项资金，继续实施新型职业农民培育工程和现代青年农场主培养计划，并启动新型农业经营主体带头人轮训计划。新型农业经营主体带头人轮训人均补助经费3 000元左右，具体标准由各地结合实际确定。培育经费用于培育全过程各环节支出。鼓励地方加大投入力度，扩大实施规模，提高补助标准。

从2006年开始，中共组织部、农业部以学员观念转变、思路拓展和能力提升为目标，联合开展农村实用人才带头人和大学生"村官"示范培训，对象主要是农村"两委"班子成员，农村各类致富、科技、经营带头人，大学生"村官"等服务农村基层人员，采取经验传授、专题讲座、研讨交流和现场观摩等方式进行为期7天的培训，参训学员往返交通费、在培训基地的食宿费、培训费等均由中央财政负担，人均3 000元左右。2014年、2015年和2016年，中央财政分别投入资金3 600万元、

5 500万元和5 500万元，分别培训11 700人、18 300人和17 700人。

此外，各地结合实际，也制定了很多新型职业农民培训补助政策。

（2）教育支持政策。新型职业农民教育支持政策主要包括对务农农民和农业后继者两类人群的政策。

在对务农农民的教育支持方面，尽管中央文件提出了"加大对新型职业农民和新型农业经营主体领办人的教育培训力度"[①]"建立公益性农民培养培训制度"[②]"将职业农民培育纳入国家教育培训发展规划，基本形成职业农民教育培训体系""依托高等教育、中等职业教育资源，鼓励农民通过'半农半读'等方式就地就近接受职业教育"[③]等要求，但在国家层面还没有制定务农农民接受职业教育的支持政策。福建、江苏等地积极探索，大胆实践，在务农农民教育方面出台了地方性支持政策。

在对农业后继者的教育支持方面，国家制定实施了中等职业教育免学费政策和普通本科高校、高等职业学校及中等职业学校家庭经济困难学生资助政策。2012年，国家调整资助政策，主要包括扩大中等职业教育免学费政策范围和进一步完善中等职业教育国家助学金制度。从2012年秋季学期起，对公办中等职业学校全日制正式学籍一、二、三年级在校生中所有农村（含县镇）学生、城市涉农专业学生和家庭经济困难学生免除学费；从2013年秋季学期起，将助学金政策覆盖范围调整为一、二年级涉农专业学生和非涉农专业家庭经济困难学生，助学金按每生每年1 500元的标准由中央财政和地方财政按比例分担。尽管以上政策只针对在校学生，但很多现在的农村学生特别是涉农专业学生就是未来的新型职业农民。所以，上述政策也是对新型职业农民的教育支持政策。

除国家层面的教育支持政策外，地方也对新型职业农民教育进行支持，如福建2013年启动实施万名新型职业农民素质提升工程，省财政每年投入3 000多万元，培养1.2万名拥有大中专学历的新型职业农民。

2.产业发展扶持政策

由于新型职业农民概念提出的时间不长，新型职业农民培育的实践起步也较晚，所以专门针对新型职业农民的产业扶持政策还在探索和谋划中。但由于新型职业农民是农民的优秀代表，是建设现代农业的中坚力量，是新型农业经营主体的重要组成，国家制定实施的一系列产业发展扶持政策特别是支持新型农业经营主体的政策，实质上就是对新型职业农民的产业扶持政策。

---

① 中共中央、国务院2014年印发的《关于全面深化农村改革加快推进农业现代化的若干意见》。
② 国务院2014年印发的《关于加快发展现代职业教育的决定》。
③ 中共中央、国务院2016年印发的《关于落实发展新理念加快农业现代化 实现全面小康目标的若干意见》。

（1）农业补贴政策。2015年，国家实施的农业补贴政策包括多个方面，涉及新型职业农民的补贴政策见表5。

表5　2015年国家农业补贴政策

政策名称	政策内容	中央资金总额（亿元）
种粮补贴	发放给从事粮食生产的农民	151
农资综合补贴	用于合理弥补种粮农民增加的农业生产资料成本	1 071
良种补贴	支持优势区域内农民积极使用优良作物种子，提高良种覆盖率	203.5
农机购置补贴	对农民购置农业机械进行补贴	236.45
畜牧良种补贴	主要用于对项目省养殖场（户）购买优质种猪（牛）精液或者种公羊、牦牛种公牛给予价格补贴	12
动物防疫补贴	对重大动物疫病强制免疫、畜禽疫病扑杀、基层动物防疫工作和养殖环节病死猪无害化处理进行补助	—
草原生态保护补助奖励	对实行草原禁牧封育牧民进行补助，对未超载的牧民给予草畜平衡奖励，给予牧民生产性补贴，对草原生态保护工作突出、成效显著的省份给予资金奖励	136
农产品产地初加工支持	补助农户建设农产品储藏、烘干等设施，提高产地初加工能力，减少农产品产后损失，提高农产品品质	5

（2）农业标准化和高产创建奖励政策。2015年，国家实施与新型职业农民密切相关的农业标准化和高产创建奖励政策主要包括粮棉油糖高产创建、园艺作物标准园创建和畜牧标准化规模养殖等支持奖励政策（表6）。

表6　2015年国家农业标准化和高产创建奖励政策

政策名称	政策内容	中央资金总额（亿元）
粮棉油糖高产创建	支持粮棉油糖高产创建和整建制推进试点，并在此基础上开展粮食增产模式攻关，集成推广区域性、标准化高产高效技术模式，辐射带动区域均衡增产	20
园艺作物标准园创建	在优势产区选择基础条件好、规模大的标准园，推进规模化经营、标准化生产、品牌化销售，提升创建水平。加强集中连片标准化生产示范区建设。继续做好北方城市冬季设施蔬菜开发	5
畜牧标准化规模养殖	主要用于养殖场（小区）水电路改造、粪污处理、防疫、挤奶、质量检测等配套设施建设等	25

（3）农业保护政策。2015年，与新型职业农民息息相关的农业保护政策主要有提高小麦水稻最低收购价政策、农产品目标价格政策和农业保险支持政策。

一是提高小麦、水稻最低收购价政策。2015年生产的小麦（三等）最低收购价提高到每50千克118元；2015年生产的早籼稻（三等）、中晚籼稻和粳稻最低收购价格分别为每50千克135元、138元和155元。2015年，继续执行玉米、油菜籽、食糖临时收储政策。

二是农产品目标价格政策。启动东北和内蒙古大豆、新疆棉花目标价格补贴试点，探索粮食、生猪等农产品目标价格保险试点，开展粮食生产规模经营主体营销贷款试点。

三是农业保险支持政策。对于种植业保险，中央财政对中西部地区补贴40%，对东部地区补贴35%，对新疆兵团、中央单位补贴65%，省级财政至少补贴25%。对能繁母猪、奶牛、育肥猪保险，中央财政对中西部地区补贴50%，对东部地区补贴40%，对中央单位补贴80%，地方财政至少补贴30%（表7）。中央财政农业保险保费补贴政策覆盖全国，地方可自主开展相关险种。

表7　2015年农业保险财政补贴比例

单位：%

地区（单位）	种植业保险		能繁母猪、奶牛、育肥猪保险	
	中央财政	地方财政	中央财政	地方财政
中西部地区	40		50	
东部地区	35	≥25	40	≥30
新疆兵团	65		—	
中央单位	65		80	

（4）扶持新型农业经营主体政策。一是扶持家庭农场发展政策。推动落实涉农建设项目、财政补贴、税收优惠、信贷支持、抵押担保、农业保险、设施用地等相关政策，帮助解决家庭农场发展中遇到的困难和问题。

二是扶持农民合作社发展政策。中央财政投入20亿元支持农民合作社发展。支持农民合作社作为农村土地整理、农业综合开发、农田水利建设、农技推广等涉农项目承担主体，管护有关涉农项目形成的资产。

国家还支持发展多种形式适度规模经营，鼓励有条件的地方对流转土地给予奖补。

各地根据实际也制定并实施了一系列新型职业农民产业发展扶持政策，如成都市规定，市、县两级农业政策性平台公司根据农业职业经理人经营规模，给予一定的委托贷款支持。对评定为初级、中级的农业职业经理人，由县级农业政策性平台公司分别给予10万元和20万元信用担保贷款支持；评定为高级、优秀、"十佳"农业职业经理人，由市准公益性农业项目资金分别给予30万元、50万元、100万元信用贷款支持。

3.社会保障和激励等扶持政策

（1）社会保障扶持政策。随着经济社会不断发展，我国社会城乡二元结构正被打破。虽然国家没有制定实施专门的新型职业农民社会保障扶持政策，但国家基本养老和基本医疗保险制度改革为新型职业农民社会保障带来重大利好，也可以看成是国家实施的对农民特别是新型职业农民的社会保障扶持政策。中共十八大以来，我国统筹城乡的基本医保和基本养老保险制度不断完善。一方面，新型农村社会养老保险和合并后的城乡居民基本养老保险，提高了农民"老有所养"的水平。2014年2月，国务院印发了《关于建立统一的城乡居民基本养老保险制度的意见》，原先独立运行的城镇居民基本养老保险制度和新型农村社会养老保险制度合并实施。截至2015年底，全国城乡居民基本养老保险参保人数5.05亿人。另一方面，随着新医改的深化落实，农村合作医疗的覆盖面和筹资水平有了显著的提高。截至2015年底，全国参加新型农村合作医疗的人口数达到6.7亿人，参合率为98.8%，人均新农合基金支出达446.8元。根据2016年1月国务院印发的《关于整合城乡居民基本医疗保险制度的意见》，我国城乡一体化的基本医疗保险制度将于2016年底基本建成。

与此同时，各地也进行了积极探索。江苏省昆山市规定，在新型合作农场职业农民岗位工作，经认定为新型职业农民，签订一年以上劳动合同按规定缴纳社会保险费的，由市财政给予单位和个人缴纳部分全额的社会保险补贴。在其他职业农民岗位工作，经认定为新型职业农民，按规定缴纳社会保险满一年的，以单位就业方式参保的定额补贴标准以最低社会保险缴费计算的单位缴费数额确定（含养老、医疗、工伤、生育和失业保险），以灵活就业方式参保的定额补贴标准以灵活就业参保最低缴费数额的50%确定（含养老和医疗保险）。

（2）户籍政策。2014年7月，国务院印发《关于进一步推进户籍制度改革的意见》，明确建立城乡统一的户口登记制度，取消农业户口与非农业户口性质区分和由此衍生的蓝印户口等户口类型，统一登记为居民户口，体现户籍制度的人口登记管理功能，标志着我国实行了半个多世纪的"农业"和"非农业"二元户籍管理模式将退出历史舞台。建立城乡统一的户口登记制度，有利于消除对农民的歧视和提升新型职业农民的社会地位，有利于社会资源的均衡配置和新型职业农民发展。

（3）农村土地政策。2014年11月，中共中央办公厅、国务院办公厅印发了《关于引导农村土地经营权有序流转发展农业适度规模经营的意见》，明确坚持农村土地集体所有，实现所有权、承包权、经营权三权分置，引导土地经营权有序流转，坚持家庭经营的基础性地位，积极培育新型经营主体，发展多种形式的适度规模经营，巩固和完善农村基本经营制度。农村土地三权分置，有利于保护农民对承包地的合法权益，有利于外出农户和小农户放心将承包地流转给种田能手，促进新型职业农民实现规模经营。

（4）激励等扶持政策。一是"全国十佳农民"资助项目。2014年，为进一步营造关心农业、关注农村、关爱农民的良好社会氛围，激励在"三农"事业中做出突出贡献、被群众广泛认可的先进农民代表，农业部决定组织实施"全国十佳农民"资助项目。"全国十佳农民"资助项目遵循民主、公开、竞争、择优的原则，每年评选资助10名从事种养业的新型职业农民，由中华农业科教基金会进行资助。2014年和2015年，农业部各遴选资助了10名"全国十佳农民"，每人获得资助5万元。

二是"风鹏行动·新型职业农民"资助项目。2013年，为大力培育综合素质高、生产经营能力强、适应现代农业发展要求的新型职业农民，壮大新型农业生产经营主体，激发农业生产要素潜能，增强农村发展活力，为加快发展现代农业和建设新农村提供人才支撑，造就现代农业核心力量，中华农业科教基金会决定实施"风鹏行动·新型职业农民"资助项目。资助项目每2年开展一次，每次评选资助新型职业农民100人。2013年和2015年，中华农业科教基金会共评选资助新型职业农民200人，每人获得资助资金1万元。

此外，国家相关部门还组织开展"全国农村青年致富带头人""优秀农村实用人才""全国农村创业创新优秀带头人"等评选资助活动，地方各级政府和有关部门也组织开展类似的新型职业农民表彰、奖励等活动，形成对新型职业农民的有效激励。

四、新型职业农民培育体系

2013年，农业部印发了《关于加强农业广播电视学校建设加快构建新型职业农民培育体系的意见》，明确要求"坚持政府主导、行业管理、产业导向、需求牵引原则，聚合优势资源，形成以农业广播电视学校、农民科技教育培训中心等农民教育培训专门机构为主体，以农业科研院所、农业院校和农技推广服务机构及其他社会力量为补充，以农业园区、农业企业和农民专业合作社为基地，满足新型职业农民多层次、多形式、广覆盖、经常性、制度化教育培训需求的新型职业农民教育培训体系。"在2013年全国新型职业农民培育试点工作经验交流会上，农业部部长韩长赋强调要建好用好农广校，有条件的地方要依托农广校建立农民科技教育培训中心，发挥农广校在新型职业农民培育中的主力军作用。在2016年全国新型职业农民培育经验交流会暨农广校工作会议上，农业部副部长张桃林强调要发挥农广校定向培养职业农民的主体作用，使农广校成为新型职业农民培育的专门机构。

新型职业农民培育工作开展以来，各地以农业部文件和部领导讲话精神为指引，积极发挥农广校（农民科技教育培训中心）等专门机构作用，有序高效利用多种资源和市场主体，初步形成了政府部门统筹协调下的"专门机构＋多种资源＋市场主体"新型职业农民培育体系。

（一）培育体系概况

1.农广校（农民科技教育培训中心）

各级农广校是我国农民教育培训公共服务机构，是公益性农业社会化服务体系的有机组成部分，是农业部门落实中共中央、国务院提升农民综合素质、强化农村人才培养决策部署的重要抓手，承担全国农民教育培训、农村实用人才培养、新型职业农民培育和农业现代远程教育等职能。经过30多年的改革发展，农广校体系不断健全，截至2015年底，全国共有省级校36所，地（市）级校314所，县级校2 171所（图29），形成了从中央到省、地、县互相衔接、上下贯通的四级建制农广校和乡村教学点五级办学体系，是我国农民教育培训和新型职业农民培育十分宝贵的资源。全国农广校体系教学手段日益多元化，开发了广播、电视、网络和文字教材等多种教学媒体资源。全国依托各级农广校建立了1 691个农民科技教育培训中心，统筹协调当地各类农民教育培训资源，推进农民教育培训和新型职业农民培育有序有效开展。2016年中央1号文件明确提出，健全农业广播电视学校体系，定向培养职业农民。这是中央立足当前农业农村经济发展和新型职业农民培养做出的重大决策部署，明确了农广校体系建设目标，为全国农广校体系进一步发展指明了方向。

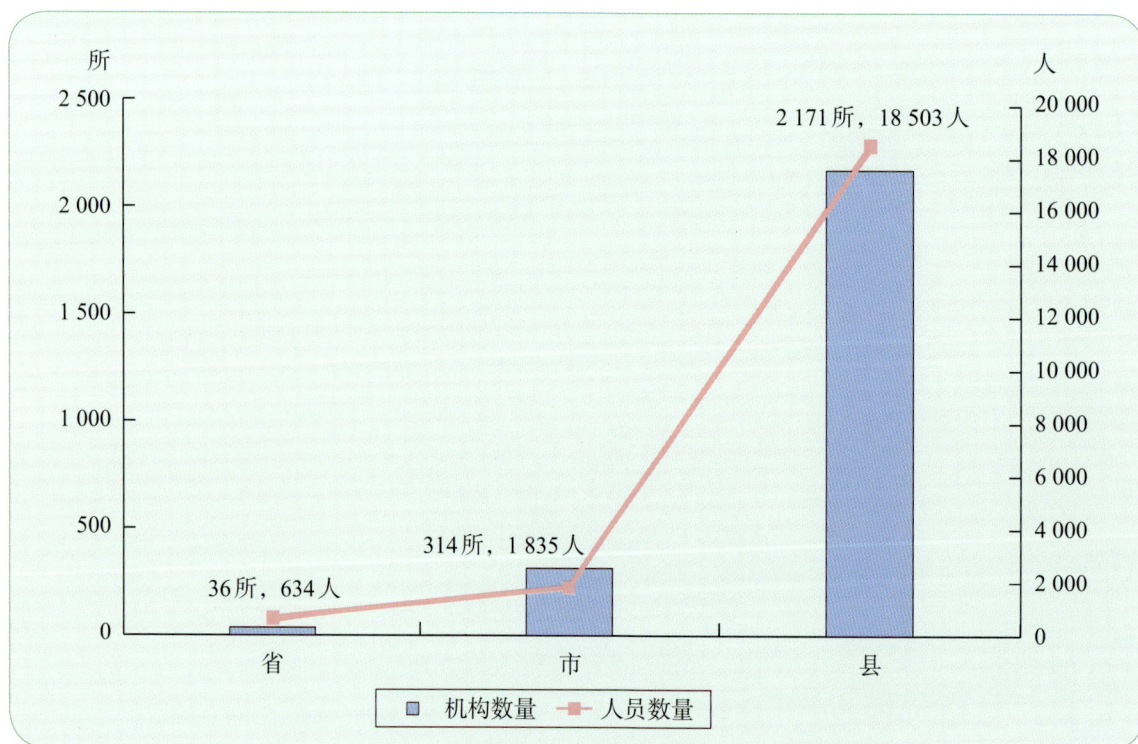

图29　全国农广校体系各层级机构和人员分布情况[①]

2.农业职业院校

农业职业院校在我国农业现代化进程中发挥着重要作用，担负着培养农业专门人才、为现代农业发展提供人才保障的任务，是新型职业农民教育培训的重要力量。目前，全国有农业（涉农）职业院校541所（包括农业、农牧、畜牧兽医、农机、农垦等）（图30），开设专业主要涉及农业领域农、林、牧、渔、服务业五大类别。近年来，各级各类农业职业院校充分发挥自身科教资源和专业技术优势，积极组织开展农民教育培训、农业科技服务与推广工作，通过参与实施新型职业农民培育工程，组建科技服务团队，选派农业科技推广员和开展优势产业引领工程、驻企兴农工程、百师兴百村工程等多种活动，满足现代农业发展对人才的需求。

---

① 资料来源：《2015年度全国农业广播电视教育培训事业发展综合统计》。

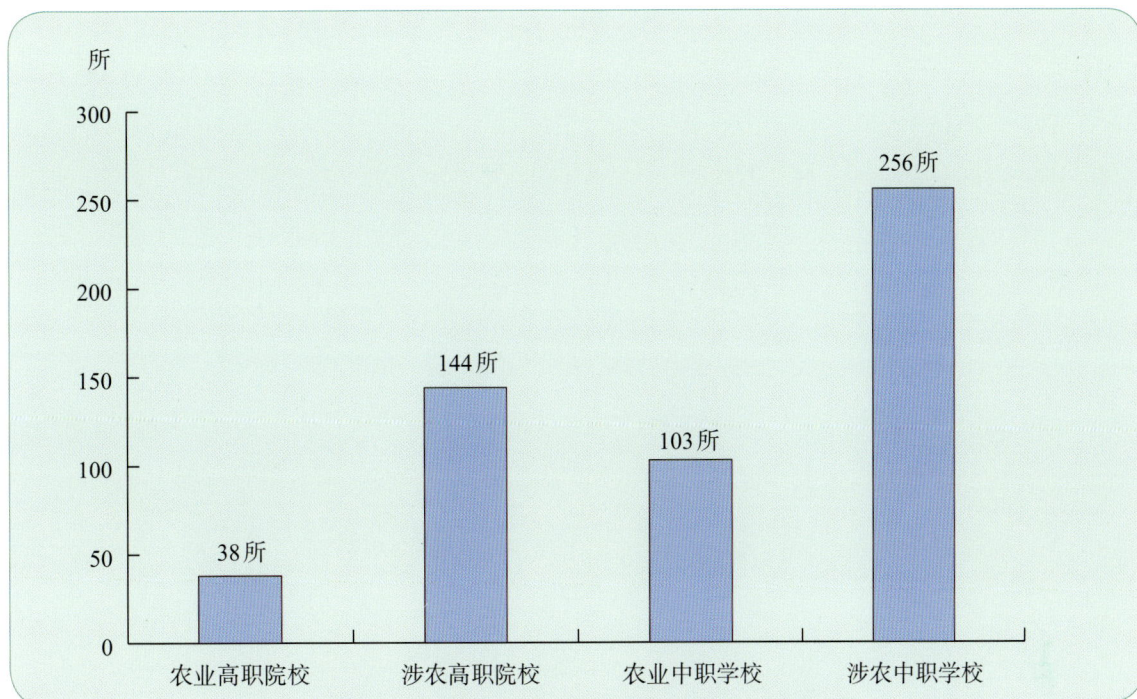

图30　我国农业（涉农）职业院校分布情况①

3.农技推广机构

农技推广机构是国家设立的为广大农民提供技术服务的公益性组织，是实施科教兴农战略的重要载体，是发展现代农业、促进农业发展方式转变的重要支撑。我国农业技术推广机构主要包括农业部门下属的种植业、畜牧兽医、渔业、农机和农业经营管理五大类服务机构。目前全国共有各类农技推广机构15.1万个（图31），

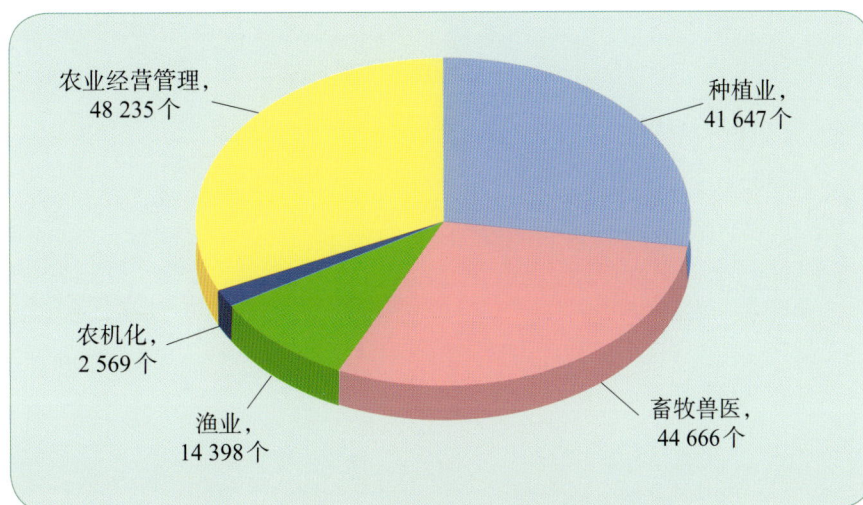

图31　全国农业技术推广机构数量分布情况①

---

① 资料来源：《全国农业职业教育年度发展报告》（2013—2015）。

从业人员近百万人（图32）。根据《国务院关于深化改革加强基层农业技术推广体系建设的意见》，培训服务是农技推广机构承担的主要公益性职能之一。农技推广机构在农民教育培训工作中具有显著的体系和技术优势，他们在教育培训中紧密结合产业，突出新技术推广，针对性较强，有利于激发农民学习兴趣，帮助农民解决生产中的现实问题。

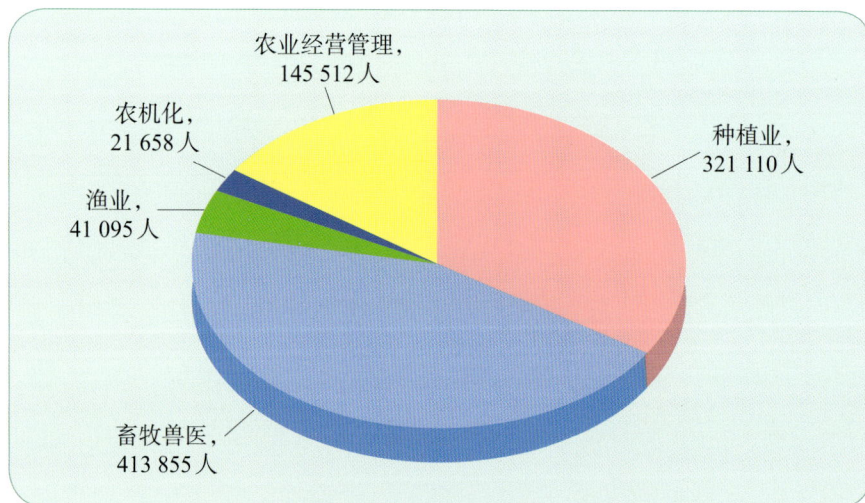

图32　全国农业技术推广机构人员分布情况[①]

4.新型农业经营主体

新型农业经营主体主要包括农业产业化龙头企业、农民合作社和家庭农场等。农业产业化龙头企业集成资本、技术、人才等生产要素，带动农户发展专业化、标准化、规模化、集约化生产，在传统农业向现代农业转变、带动农民增收和促进农业农村经济持续发展中发挥着重要的典型示范作用。农民合作社在提高农民组织化程度、推进农业结构调整，促进规模经营、增强农业效益，推进绿色生产、提高农产品品质中发挥着重要作用。家庭农场以农民家庭成员为主要劳动力，以农业经营收入为主要收入来源，利用家庭承包土地或流转土地，从事集约化、商品化农业生产，是农户家庭承包经营的升级版，是引领适度规模经营、发展现代农业的有生力量。新型职业农民是新型农业经营主体的重要组成，新型职业农民培育的对象、需求主要来自新型农业经营主体。截至2015年底，我国共有各级农业产业化龙头企业12.9万家、农民合作社153.1万个、家庭农场87.7万个[②]。

---

① 资料来源：《2015年种植业农技推广体系基本情况报告》《中国畜牧业统计2015》《2016中国渔业统计年鉴》《2015年全国农业机械化统计年报》《中国农村经营管理统计年报（2015年）》。

② 数据来自2016年10月28日农民日报文章《新型经营体系是农业现代化有力支撑》。

（二）培育体系运行机制

在新型职业农民培育工作中，各级政府发挥农广校（农民科技教育培训中心）等专门机构主体支撑作用，推动涉农院校、农技推广机构等多种资源有序参与新型职业农民培育工作，鼓励农业产业化龙头企业建立新型职业农民培育实训基地[①] 和创业孵化基地[②]，引导农民合作社和家庭农场建立农民田间学校[③]，逐步建立统筹协调、有序高效的运行机制。

1.专门机构提供支撑保障服务

农广校（农民科技教育培训中心）作为新型职业农民培育的专门机构，把大力培育新型职业农民作为中心任务，通过开展基础研究和培育需求调研、培育对象遴选、培育计划和方案编制、认定事务管理、数据库信息维护和培训标准编制、师资库建设、教材开发、绩效评估等基础性、长期性工作，同时连接多种资源和市场主体，对接跟踪服务和政策扶持，搭建起新型职业农民培育工作基础平台，为新型职业农民培育工作提供支撑和保障服务，同时也为新型职业农民培育工作的专业化、规范化奠定了坚实的基础。

2.多种资源承担教育培训任务

农业职业院校发挥农业特色明显、学科门类齐全、师资力量雄厚的优势，在办好全日制涉农专业、培养农业后继者的同时，积极承担现代青年农场主等培训任务；推荐专业教师进入师资库，为其他培训机构提供培训师资；开放教学实训基地，为新型职业农民培育提供现场教学服务；与农广校等专门机构联合建立农民学院，开展新型职业农民中、高等职业教育。农技推广机构发挥体系健全、覆盖面广和产业技术优势，对新型职业农民开展技术培训和跟踪服务，帮助农民解决生产实践中的困难和问题。一些地方还依托乡镇和区域性农技推广机构建立新型职业农民培育基层站，为深入参与新型职业农民培育工作打下良好基础。

3.市场主体发挥产业和基地优势

各地鼓励和支持农业产业化龙头企业建立新型职业农民实训基地和创业孵化基地，通过政府购买服务和市场化运作等方式，为新型职业农民提供实习实训和创业孵化服务；引导和推动农民合作社、家庭农场广泛建立农民田间学校，为新型职业农民培训提供现场教学场所，实现对各产业新型职业农民开展全程化实训、全方位指导、全链条服务。依托市场主体建立培育基地，不仅为新型职业农民培训创造了

---

① 实训基地是指新型职业农民进行实际操作训练、提升实践技能的固定场所。
② 创业孵化基地是指为扶持新型职业农民创业实践，提供模拟承包经营、跟踪服务、政策咨询的场所。
③ 农民田间学校是指按照互动式、参与式、启发式教学理念，为农民提供就近就地现场教学的场所。

条件，也为市场主体中的社员（职工）就地就近参加培训提高生产经营技能和管理服务水平提供便利，为市场主体长远发展提供人才保障。

（三）培育体系建设

1.专门机构建设

强化新型职业农民培育专门机构建设，并非建立新的机构，而是依托现有农民教育培训专业机构，通过充实职能、补充人员，改善条件等，使其成为新型职业农民培育的基础工作平台，为当地新型职业农民培育提供基础支撑和服务保障。各地主要依托农广校等公益性机构建立新型职业农民培育专门机构，重点是赋予农广校等公益性机构开展调研摸底、编制培育规划、建立培育对象库等培育基础工作职能，制定教育培训标准、认定教育培训机构、选送学员、质量评估等教育培训统筹职能，制定认定管理办法、组织开展认定、建立信息档案等认定管理事务承办职能。

2.基础条件建设

近年来，中央和地方各级财政加大对新型职业农民培育体系建设的资金投入力度，体系基础设施得到强化，教学设施得到充实，教育培训条件有效改善。为把中央农广校（中心）建设成为新型职业农民研究中心、指导中心、服务中心和宣传中心，中央投入近2.18亿元建设中央农业广播电视教育中心，完善新型职业农民教学媒体资源制作与传播、农业远程教育与在线服务、师资培训、信息管理等功能，为全国新型职业农民培育提供有效支撑。2013—2015年，中央财政陆续投入7 000多万元，为基层农广校和农技推广机构等配置近400辆农业科技入户直通车和车载教学设备，作为新型职业农民培育"流动课堂"，用于开展送教下乡和巡回服务，有效改善了基层新型职业农民培育条件。

在中央投资的带动下，各省也加大了新型职业农民培育体系的基本建设投入。陕西2013年启动标准化县级农广校建设，省级财政对每个承担新型职业农民培育项目的县级农广校投资8万元用于教学设施设备采购，自2014年起项目资金增加到600万元，按每年12～15个市、县级农广校的数量稳步推进，全省农广校体系基础设施和仪器装备水平显著改善，新型职业农民培育体系条件能力得到明显提升。江苏强化农广校体系"四有"（即有现代化的教育培训设施和手段、有稳定齐全的教育培训基地、有高素质的师资队伍、有丰富的教学媒体资源）建设，增加基础设施投入。目前全省已有50多个县级农广校建成多功能教室，配备了电脑、投影仪等教育培训设备，有效提升了新型职业农民教育培训能力。

3.师资队伍建设

师资队伍是新型职业农民培育的重要保障。2015年，农业部印发《关于做好新型职业农民培育师资库建设的通知》，提出分级建立新型职业农民培育师资队伍，科学调配教师资源，加强对入库教师使用、培养和管理，要求各地根据产业发展和新型职业农民培育工作需要，尽快建立教学水平高、实践能力强、覆盖主导和特色产业的师资库，原则上从入库师资中选派教师开展培训指导、创业孵化和跟踪服务。截至2015年底，全国共有新型职业农民培育师资近7万人，其中4.6万人纳入全国新型职业农民培育师资库。初步建立了一支数量充足、结构合理、素质优良的师资队伍，为大规模培养造就新型职业农民队伍提供有力支撑（图33）。

各地按照农业部要求，高度重视、积极推进师资库建设。湖北制定了农民教育培训师资库建设方案，按照"分级培养，专兼结合，动态管理，资源共享"的原则开展师资库建设，截至2015年底已建立规模达3 000人的师资库。江苏印发《关于建立全省新型职业农民培育师资库的通知》，明确培训组织单位按相应规定及标准支付入库师资的讲课、食宿、交通等费用。陕西组建了5 264人的专、兼职师资团队，并组织1万名科技人员建立指导教师团队，与新型职业农民结对子，开展精准帮扶指导服务。

4.培育基地建设

按照围绕产业、走进产业、融入产业、服务产业的要求，全国各地优先选择产业集聚度高、新型农业经营主体发育好、学员相对集中的地区分级分类建设培育基地，不断提升新型职业农民实习实训、创业孵化、跟踪服务水平。2016年农业部印发《关于做好新型职业农民培育基地遴选工作的通知》，将培育基地分为4种类型，

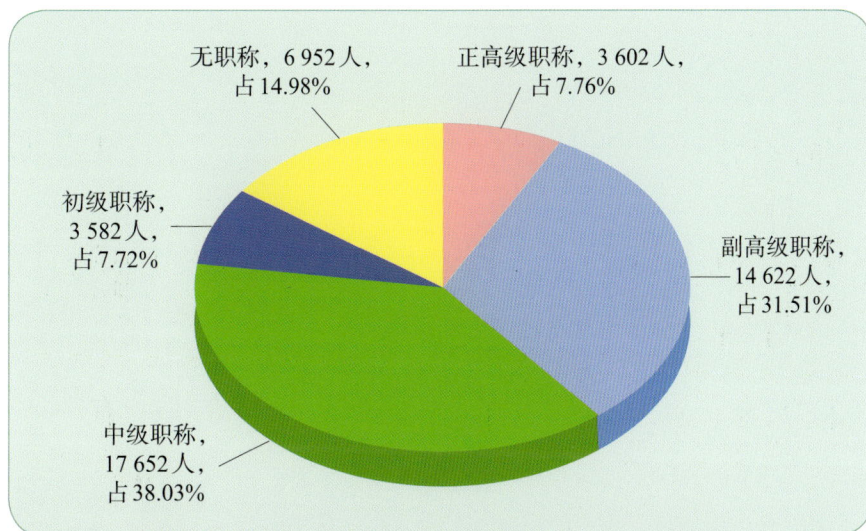

图33　全国新型职业农民培育师资库教师职称结构①

---
① 　资料来源：全国新型职业农民培育师资库。

包括实训基地、农民田间学校、创业孵化基地和综合类基地^①，指导各地强化新型职业农民培育基地建设和管理。

　　浙江出台了《省级实训基地认定办法（试行）》和《浙江省农业教育培训实训基地建设方案》，明确了实训基地建设目标、建设标准、认定程序和运行管理机制。截至2015年底，全省共建立了166个实训基地，覆盖十大主导产业、60多个县（市、区），其中省级10个，市级92个，县级74个。河南围绕当地主导产业发展需要，在产业链上建立农民田间学校，推进基层教学全覆盖，截至2015年底已建成农民田间学校1 450所。湖北遴选特色鲜明、管理规范、效益可观的农业产业化龙头企业、农民合作社，建立了60个新型职业农民培训和创业孵化基地，并对每个基地给予5万～10万元的资金扶持。

---

① 综合类基地是指集新型职业农民培训、实训、学习和创业孵化于一体的场所。

五、新型职业农民发展趋势

当前我国已进入全面建成小康社会的决胜期，进入加快推进农业现代化的关键期。党和国家对农村改革、现代农业发展做出全面部署，新型职业农民队伍面临新形势新挑战，也将迎来广阔的发展空间。

（一）发展目标

目前，全国每年培育新型职业农民100万人。其中，示范性培训新型农业经营主体带头人60万人，培养现代青年农场主1万人，培训农村实用人才带头人约2万人，示范性培训农机大户和农机合作社带头人1万人。预计到2020年全国新型职业农民队伍总量将超过2 000万人，务农农民职业化程度明显提高。同时，新型职业农民培育制度更加健全完善，培育机制更加灵活有效，以公益性教育培训机构为主体、多种资源和市场主体有序参与的"一主多元"新型职业农民教育培训体系全面建立。新型职业农民培育工作覆盖所有的农业县市区，农业职业培训在全国普遍开展，基本实现新型农业经营主体带头人轮训一遍，新型职业农民队伍的文化素质、技能水平和经营能力将显著改善。

（二）发展形势与挑战

"十三五"是农业发展方式的转型期，是提升农业竞争力的爬坡期，也是全面深化农村改革的攻坚期，新型职业农民发展面临着新的形势和挑战。

1. 形势

从中央部署要求看，新型职业农民发展面临新机遇。近年来，党和国家印发了一系列文件对新型职业农民培育工作进行部署。特别是2016年10月以来，国务院先后印发《关于激发重点群体活力带动城乡居民增收的实施意见》《全国农业现代化规划（2016—2020年）》和《关于完善支持政策促进农民持续增收的若干意见》，单列段落从拓宽新型职业农民增收渠道、提高新型职业农民增收能力、建立教育培训、规范管理、政策扶持衔接配套的新型职业农民培育制度等方面提出明确要求。这些重要文件从构建职业农民队伍的战略高度，为新型职业农民发展进一步指明了方向、拓展了道路，也带来了新机遇。

从农村改革进程看，新型职业农民发展面临新环境。随着城乡发展一体化进程加快，农村土地、集体资产、农村金融、户籍制度等改革深入推进，新型农业经营主体和农业社会化服务主体蓬勃兴起，多种形式的适度规模经营稳步发展，农村改革和制度创新为培育新型职业农民提供了新动能。国家实施创新驱动战略，推进大众创业、万众创新，农业农村正在成为创业创新的沃土，这为新型职业农民发展创造了良好的环境。

从现代农业发展看，新型职业农民发展面临新需求。推进农业现代化，是实现"四化同步"的紧迫任务，需要立足中国国情、农情，坚持走中国特色新型农业现代化道路。当前我国农业农村发展内外环境发生很大变化，农业发展面临许多新的矛盾和问题。当前和今后一段时期需要紧紧围绕推进农业供给侧结构性改革这一主线，着力培育新动能、打造新业态、扶持新主体、拓宽新渠道，加快构建现代农业产业体系、生产体系、经营体系，加快推进农业转型升级，走提高农业综合效益和竞争力的必由之路。农民是推进农业供给侧结构性改革、建设现代农业的主体力量。中央提出优化农业从业者结构，开发农村人力资源，引领现代农业加快发展，这对新型职业农民发展提出了新需求。

从农民内在需求看，新型职业农民发展面临新期待。全面建成小康社会，首先要实现农民小康。近年来随着国家强农惠农富农政策的实施，特别是随着新型职业农民培育工作的深入开展，广大农民迫切希望提升自身素质和能力，提高农业生产经营水平；迫切希望得到政府支持发展生产、提高收入水平；迫切希望得到社会的认可和尊重，将务农作为稳定和体面的职业，实现由"身份"向"职业"的转变。农业部抽样调查显示[①]，我国务农农民中，75%的农民有接受农业职业教育的意愿，希望发展成为体面的职业农民。到2015年底，农民工返乡创业人数累计已超过450万人，约占农民工总数的2%；大学毕业生返乡创业比例达到1%[②]。随着大众创业、万众创新的不断推进，将会有越来越多的农民工、大学生等人员到农村创业，成为新型职业农民。

2.挑战

目前新型职业农民发展形势良好，但也面临严峻挑战。一是城乡发展差距仍然较大，农村公共设施和公共服务相对滞后，教育、医疗、养老等社会事业发展水平总体偏低，农村劳动力特别是青壮年劳动力留农务农缺乏内生动力，新型职业农民

---

① 张桃林.深化产教融合、校企合作，加快推进现代农业职业教育发展——在中国现代农业职教集团成立大会暨全国农业职业教育教学指导委员会换届会上的讲话.2014-12-26。
② 农业部扎实推进农民工和大学生等人员返乡创业.http://www.moa.gov.cn/zwllm/zwdt/201607/t20160722_5215054.htm。

发展的基础不牢固。二是农业比较效益低，农业生产成本进入上升通道，支持新型职业农民发展的产业政策、金融政策和农业基础设施建设缺位，以农业生产经营为主要收入来源的新型职业农民增收压力大，新型职业农民队伍难稳定。三是新型职业农民培育能力相对不足，经费投入总体偏低，教育培训的师资力量、设施设备、实训基地、信息化手段等基础条件仍然薄弱，社会资源广泛参与的机制不活，培育精准程度总体不高，与新型农业经营主体蓬勃发展的需要不相适应。四是新型职业农民队伍总量不多，素质有待提升，结构有待优化，队伍总体水平还难以满足现代农业发展的需求，实现农民的现代化依然任重道远。

（三）发展走势分析

展望未来，新型职业农民发展机遇与挑战同在、希望与困难并存。在国家"三农"政策的大力支持下，在我国农村改革的深化推动下，在新型职业农民培育持续开展的有利条件下，未来10～20年，新型职业农民队伍将不断发展壮大，发展前景良好。

1.新型职业农民培育力度不断加大

按照党和国家关于新型职业农民培育工作的战略部署，农业部、财政部加强宏观指导和政策协调，各地高度重视，不断加大投入力度，截至2016年底中央和地方财政累计投入超过80亿元。根据《"十三五"全国新型职业农民培育发展规划》，"十三五"期间新型职业农民培育力度进一步加大。培育工作将以提高农民、扶持农民、富裕农民为导向，以吸引年轻人务农、培养职业农民为重点，建立专门政策机制，完善培育制度，强化培育体系，提升培育能力，通过培训提高一批、吸引发展一批、培养储备一批，加快构建一支规模大、结构好、素质优的新型职业农民队伍。可以预见，今后在中央的政策引领和大力支持下，在现代农业发展对高素质人才的强劲需求下，各地对新型职业农民培育将更加重视，新型职业农民培育工作将成为各地推进农业农村经济发展的主要抓手和根本举措。

2.新型职业农民发展环境更为有利

新型职业农民发展环境涉及产业环境、社保环境、创业环境、生活环境等方面。在产业环境上，近年来国家先后实施农业支持保护补贴、免费职业培训等一系列农业扶持政策，特别是大力支持家庭农场、农民合作社等新型农业经营主体发展，积极建立健全新型职业农民扶持制度，深入推进农业供给侧结构性改革，新型职业农民的产业发展环境越来越好。在社会保障上，中央明确鼓励有条件的地方探索职业农民养老保险办法，江苏等一些省份已经开始实施对新型职业农民的社保补助，新型职业农民的待遇问题将逐步得以解决。在创业环境上，2016年国务院印发了《关于支持返乡下乡人员创业创新促进农村一、二、三产业融合发展的意见》，明确对农民工、中高等院校毕业生、退役士兵以及科技人员等返乡下乡人员到农村创业创新，将从市场准入、金融服务、财政支持等方面给予优惠支持，这意味着新型职业农民将能够享受更多创业扶持政策。在生活环境上，习近平总书记强调，中国要美，农村必须美；搞新农村建设要注意生态环境保护，因地制宜搞好农村人居环境综合整治，尽快改变农村脏乱差状况，给农民一个干净整洁的生活环境。相信经过全国上下的共同努力，农村生活环境将进一步改善，新型职业农民的幸福指数将进一步提升。

3. 新型职业农民逐步成为体面的职业

传统农耕社会中，农民作为身份符号在人们的意识中根深蒂固。推动农民从身份符号向职业属性的回归，关键是提高收入，根本是实现公平。从收入看，近年来国家实行的一系列强农惠农富农政策和举措，为新型职业农民增收致富提供了政策保障。近期国家实施新型职业农民激励计划和新型职业农民增收行动，明确要拓宽新型职业农民增收渠道，提高职业农民增收能力，加快职业化进程，带动广大农民共享现代化成果。近年来国家推行农村土地"三权分置"，实行土地确权登记，扶持新型农业经营主体，发展多种形式的适度规模经营，这些政策措施为新型职业农民提升农业产业化程度、提高收入铺平了道路。从公共服务看，城乡统筹发展为新型职业农民享受社会公平提供了服务保障。目前城乡二元结构的制度藩篱逐步打破，随着户籍制度改革加快和城乡基本公共服务均等化推进，城乡人口之间将实现自由流动，城乡发展将实现统一规划、公共设施统一布局、公共资源统一配置，新型职业农民在文化教育、医疗卫生、社会福利等方面将逐渐享受到和城镇居民一样的待遇。

4. 新型职业农民将成为建设现代农业的主导力量

农业现代化建设要取得明显进展，根本要靠农民，特别要靠新型职业农民。农业部印发的《"十三五"全国新型职业农民培育发展规划》提出新型职业农民年均增长146万人的目标，按照此速度，到2030年新型职业农民队伍总量将达到3 500万人左右。另据统计[①]，截至2016年6月底，全国承包耕地流转面积达到4.6亿亩，超过承包耕地总面积的1/3，在一些东部沿海地区，流转比例已经超过1/2。全国经营耕地面积在50亩以上的规模经营农户超过350万户，经营耕地面积超过3.5亿多亩。现在我国40%的耕地由270万家新型农业经营主体经营[①]。截至2016年10月底，在全国

---

① 农业部部长：将来大家会渴求当农民 农村成稀缺之地. 中财网. http://www.cfi.net.cn/p20170221000436.html。

依法登记的农民合作社中，入社农户占全国农户总数的43.5%。新型农业经营主体的快速发展，意味着新型职业农民队伍的不断壮大。新型职业农民是家庭经营的基石、合作组织的骨干、社会化服务组织的中坚力量，是新型农业经营主体的基本面和重要组成部分。在新型农业经营主体中，受过良好教育培训、具有一定经营规模或专业技能、相对年轻、带动作用明显的新型职业农民队伍，不仅能有效应对农村劳动力结构性变化的挑战，带动广大农民发展产业、增收致富，而且将进一步促进新型农业经营体系构建，推动农业适度规模经营发展，在建设现代农业中发挥主导作用。

附　录
附录一　2016年家庭农场经营者发展研究报告

　　随着大批农村青壮年劳动力向城镇转移，许多地区已呈现出农业劳动力老龄化趋势，我国农业面临着突出的"谁来种地"问题。因此，2012年中央1号文件明确提出大力培育新型职业农民，此后中央有关文件不断予以强调，各地进行了积极探索。在新型职业农民中起主导作用的是生产经营型职业农民，主要是由于生产经营型职业农民的存在与经营，其他生产要素包括农业工人、农业服务工人才能够聚集于农业生产经营流程之中。家庭农场经营者是生产经营型职业农民的重要组成部分。自2013年"家庭农场"概念首次出现在中央1号文件中以来，中央高度关注家庭农场等新型农业经营主体发展。国民经济和社会发展"十三五"规划再次强调，要扶持发展家庭农场等新型农业经营主体，健全有利于新型农业经营主体成长的政策体系。习近平总书记指出要"以家庭农场和农民合作社为抓手发展农业适度规模经营"。从地方实践看，家庭农场作为具有集约化、规模化、商品化生产特征的新型农业经营主体，正快速成长，势头良好。

　　未来十几年、几十年由谁来种地、谁来从事农业生产已经成为一个摆在我们面前迫切需要解决的问题。家庭农场由于经营规模较大，具有较高的专业化生产水平和农产品商品生产能力，其收入主要来源于农业。对家庭农场来说，农业生产的专业化、规模化和现代化是其基本要求，家庭农场经营者必须是有文化、懂技术、善经营、会管理的新型职业农民。通过培育更多的职业农民成为家庭农场经营者，有利于农业生产在其发展过程中实现代际传承和新老交替，有利于破解中国未来农业经营主体的稳定和持续难题。因此，作为生产经营型职业农民的重要组成部分，现阶段我国家庭农场经营者即家庭农场主的发展现状如何是亟待关注的问题。

　　2014年，农业部启动了全国家庭农场典型监测工作，在全国选择3 000个左右的家庭农场，由中国社会科学院农村发展研究所的监测团队设计问卷并进行跟踪监测，监测农场样本覆盖全国31个省（自治区、直辖市），在随机分层抽样总原则指导下，各省选择2 ~ 3个样本县共约100个家庭农场进行监测。监测问卷设计指标覆盖家庭农场的基本情况、劳动力情况、土地情况、生产经营情况、成本收益情况等，问卷填写对象是监测家庭农场的农场主。同时，按照农业部的要求，每个监测县（市、区）在确定监测样本农场时，要兼顾种植业、养殖业和种养结合型家庭农场比例，原则上种植业家庭农场占比不多于80%，粮食类家庭农场占比不少于50%；样本农场应是生产经营情况比较稳定、从事农业经营2年以上的家庭农场。目前已完成2014年、2015年两年的监测数据收集工作，本研究主要利用2015年的监测数据分析2015年我国家庭农场主的基本情况，并在报告的部分内容中利用2014年的相关数据进行纵向比较分析。

一、家庭农场发展总体情况

（一）家庭农场发展数量

2015年，我国经农业部门认定的家庭农场数量达到35万家以上，从附表1-1中可以看出，部分地区家庭农场数量发展较快，如黑龙江、江苏、浙江、安徽、江西、山东、湖北和四川7个地区的家庭农场数量都超过了2万家，其中，最多的是安徽，家庭农场数量超过了35 000家。全国家庭农场中被县级以上农业部门认定为示范家庭农场的比例为10.5%，其中，北京、内蒙古、辽宁、河南、云南、陕西、宁夏和新疆8个地区的县级以上示范家庭农场占全部家庭农场的比例超过20%。全国家庭农场拥有注册商标的比例为3.3%，其中，浙江、湖南、贵州三地的比例超过5%，浙江最高，为9.2%。全国家庭农场通过农产品质量认证的比例为1.5%，同样也是浙江最高，为6.4%。全国家庭农场获得财政扶持资金的比例为6.8%，其中，北京最高，为100%，上海其次，为50.2%。全国家庭农场获得贷款支持的比例为5.7%，这一比例只有浙江、湖南、贵州和甘肃四地超过了10%，其中，贵州最高，为17.3%，浙江其次，为14.1%。

附表1-1　2015年全国家庭农场数量及各类农场占比情况统计

地　区	家庭农场数量（个）	县级以上示范性农场（%）	拥有注册商标（%）	通过农产品质量认证（%）	获得财政扶持资金（%）	获得贷款支持（%）
北京	8	100.0	0.0	0.0	100.0	0.0
天津	2 512	4.9	1.5	0.6	2.0	0.0
河北	10 451	7.6	4.5	1.7	3.2	5.1
山西	9 345	5.0	0.3	0.3	1.0	0.0
内蒙古	1 002	21.4	1.9	0.1	0.3	9.2

（续）

地　区	家庭农场 数量 （个）	县级以上 示范性农场 （%）	拥有注册 商标 （%）	通过农产品 质量认证 （%）	获得财政 扶持资金 （%）	获得贷款 支持 （%）
辽宁	4 216	22.5	4.0	1.0	5.7	1.2
吉林	13 192	9.0	2.8	0.7	5.4	8.0
黑龙江	29 041	0.3	0.2	0.0	0.0	3.3
上海	3 829	4.2	0.3	3.3	50.2	0.1
江苏	30 190	13.5	4.1	1.6	9.4	6.9
浙江	23 719	8.3	9.2	6.4	7.1	14.1
安徽	35 213	10.4	3.5	1.0	4.1	7.1
福建	5 030	19.0	4.4	0.8	7.1	4.2
江西	28 229	11.6	1.6	0.8	11.4	5.3
山东	26 963	8.6	3.5	1.2	2.1	1.9
河南	3 974	45.4	4.5	2.4	2.8	4.2
湖北	29 039	6.0	4.2	1.9	1.9	4.5
湖南	18 477	16.2	5.3	1.6	22.5	11.3
广东	17 765	7.1	2.2	0.3	1.3	0.5
广西	2 426	9.7	0.7	0.0	8.5	3.3
海南	1 761	9.3	0.7	0.1	0.6	0.1
重庆	13 067	11.0	3.4	1.8	18.9	6.6
四川	23 317	8.9	2.1	1.0	3.0	3.1
贵州	3 055	27.4	8.1	4.7	11.4	17.3
云南	2 891	23.2	2.2	0.2	6.7	9.6
陕西	7 203	32.1	2.8	2.4	7.9	7.4
甘肃	4 690	13.3	0.6	0.4	6.2	11.0
青海	2 221	12.1	1.4	0.0	19.4	6.1
宁夏	1 791	21.9	1.4	0.7	15.4	1.7
新疆	577	48.4	3.8	0.0	0.0	4.0
全国	355 194	10.5	3.3	1.5	6.8	5.7

数据来源：农业部农村经济体制与经营管理司。

（二）家庭农场经营类型

目前，我国家庭农场经营类别主要分为种植业、养殖业以及种养结合型，种植业主要包括粮食产业，养殖业包括畜牧业和渔业。从全国范围来看（附表1-2），种植业家庭农场占全部家庭农场的63%，而种植业中的粮食类家庭农场又占到全部家庭农场的43.1%，这说明从事粮食生产的家庭农场占了大部分。河北、内蒙古、辽宁、吉林、黑龙江、江苏、安徽、江西、山东、河南、湖北、湖南和四川13个粮食主产区粮食类家庭农场占比平均达到52.6%；东北三省吉林、黑龙江和辽宁分别达到85.6%、81.1%和76.1%，粮食类家庭农场都占据很高的比例；而上海的粮食类家庭农场占比更是高达89.1%，这是当地政府着力推动粮食类家庭农场发展的结果。有一些地区，如天津、浙江、新疆等地种植业家庭农场占比较高，而粮食类家庭农场占比却比较低，主要是由于这些地区的种植业家庭农场都偏向种植附加值更高的经济作物。全国畜牧业家庭农场占比18.7%，有16个地区占比超过20%。其中，青海占比最高，达到45.1%；重庆次之，达到44.7%。全国渔业家庭农场占比5.7%，江苏、江西、海南和湖北四个地区的渔业家庭农场占比超过10%。其中，江苏最高，达到13.4%。全国种养结合家庭农场占比8.8%。其中，内蒙古占比最高，达到54.5%；广西和青海次之，达到26.1%。此外，全国其他类型的家庭农场占比3.8%，这中间主要包括融合农业一、二、三产和发展休闲农业的家庭农场。

附表1-2　2015年全国家庭农场类型分布占比

单位：%

地　区	种植业	粮食业	畜牧业	渔业	种养结合	其他
北京	100.0	100.0	0.0	0.0	0.0	0.0
天津	85.4	36.0	3.4	3.6	4.8	2.8
河北	70.0	57.3	23.0	0.7	2.9	3.4
山西	62.6	41.2	34.3	0.1	2.9	0.1
内蒙古	43.7	33.8	0.0	0.8	54.5	1.0
辽宁	83.3	76.1	3.2	1.0	9.2	3.3
吉林	91.1	85.6	4.5	0.3	2.8	1.3
黑龙江	88.1	81.1	9.4	0.6	1.3	0.6
上海	95.3	89.1	1.0	1.5	1.6	0.5
江苏	67.0	52.6	9.7	13.4	6.9	3.0

（续）

地　区	种植业	粮食业	畜牧业	渔业	种养结合	其他
浙江	69.6	17.6	7.0	7.3	9.8	6.3
安徽	68.8	52.0	14.7	4.4	7.6	4.4
福建	51.3	10.3	13.9	9.6	15.7	9.5
江西	44.8	26.3	29.5	11.4	10.4	3.8
山东	82.2	53.1	7.2	1.0	4.5	5.2
河南	82.7	68.5	6.1	0.8	7.8	2.7
湖北	45.9	30.0	22.8	12.0	13.9	5.4
湖南	54.8	50.2	22.2	6.2	11.2	5.6
广东	53.2	41.8	29.4	4.8	10.9	1.6
广西	50.4	16.3	16.6	4.1	26.1	2.8
海南	38.7	16.4	28.3	10.6	10.1	12.3
重庆	34.6	11.8	44.7	8.9	9.9	2.0
四川	47.6	17.4	27.3	5.1	13.4	6.5
贵州	39.8	20.0	40.9	5.8	9.5	3.9
云南	49.2	16.8	32.2	2.7	12.0	3.8
陕西	53.8	27.9	31.0	1.4	11.0	2.8
甘肃	54.9	24.3	24.6	0.4	17.1	3.0
青海	27.5	22.9	45.1	0.4	26.1	0.9
宁夏	51.5	41.2	25.5	2.1	14.6	6.3
新疆	72.4	18.0	22.9	0.2	2.9	1.6
全国	63.0	43.1	18.7	5.7	8.8	3.8

数据来源：农业部农村经济体制与经营管理司。

（三）家庭农场经营规模

　　家庭农场是适度规模经营的新型农业经营主体，规模适度是家庭农场的内涵之一。根据2015年粮食类家庭农场的规模分布（附表1-3）可以看出，50（含）～500亩规模的粮食类家庭农场占了绝大部分，比例高达91.5%。其中50（含）～200亩规模的占61.5%，200（含）～500亩规模的占30%。而全国500（含）～1 000亩规模的粮食类家庭农场只占6.3%；1 000亩以上规模的占比更少，只有2.3%。上海、广东、海南三个地区的较小规模农场占比较高，50（含）～200亩的农场占比都达到90%以上。而内蒙古、宁夏、新疆三个地区的1 000亩及以上的较大农场占比相对较高，达到10%以上。普遍看来，东北、西北相对地广人稀的地区，规模较大农场占比高于全国平均水平，而在东部和西南等地少人多的地区，规模较小农场占比要高于全国平均水平。

附表1-3　2015年粮食类家庭农场规模分布

单位：%

地　区	经营土地面积 50（含）～200亩	经营土地面积 200（含）～500亩	经营土地面积 500（含）～1 000亩	经营土地面积 1 000亩及以上
北京	87.5	12.5	0.0	0.0
天津	60.3	26.9	10.1	2.8
河北	70.9	23.3	4.3	1.6
山西	81.4	14.6	3.1	0.9
内蒙古	31.9	41.3	13.6	13.3
辽宁	53.4	37.1	6.7	2.8
吉林	55.8	30.1	10.2	3.9
黑龙江	19.5	68.7	8.9	3.0
上海	92.9	7.0	0.1	0.0
江苏	56.1	32.7	8.4	2.8
浙江	69.8	23.2	5.6	1.4
安徽	55.0	31.2	10.1	3.7
福建	75.6	18.7	4.4	1.3
江西	76.5	17.5	4.5	1.4
山东	76.9	18.6	3.3	1.3
河南	60.3	30.4	6.9	2.4
湖北	75.9	20.5	2.4	1.2
湖南	81.1	15.6	2.5	0.8
广东	91.2	6.1	2.1	0.6
广西	85.6	12.9	1.5	0.0
海南	94.1	4.8	0.7	0.3
重庆	79.6	17.3	2.3	0.8
四川	84.1	12.0	2.8	1.1

（续）

地　区	经营土地面积 50（含）~ 200亩	经营土地面积 200（含）~ 500亩	经营土地面积 500（含）~ 1 000亩	经营土地面积 1 000亩及以上
贵州	77.3	19.9	2.0	0.8
云南	88.7	9.1	1.4	0.8
陕西	69.6	22.8	6.1	1.6
甘肃	67.6	22.6	7.3	2.5
青海	60.7	30.8	5.9	2.6
宁夏	25.9	38.9	19.9	15.3
新疆	24.0	42.3	18.3	15.4
全国	61.5	30.0	6.3	2.3

数据来源：农业部农村经济体制与经营管理司。

（四）家庭农场劳动力、土地及农产品销售

家庭经营是家庭农场的重要特征之一。从附表1-4中可以看出，2015年家庭农场平均劳动力为7人。其中，家庭成员劳动力平均4.8人，常年雇工劳动力2.2人。家庭农场劳动力较多的有河南、湖南、海南和贵州四个地区，平均每个农场超过10个劳动力。但是从全国情况看，所有地区农场的平均家庭成员劳动力都多于平均常年雇工劳动力，这说明我国家庭农场基本坚持了家庭经营即常年雇工人数不高于家庭自有劳动力这一基本特征。我国家庭农场经营的耕地中，有69.4%的土地是通过流转而来。其中，上海流转比例最高，达到98.2%；安徽次之，为91.4%。这些地区家庭承包耕地面积较小，只有流转更多的土地才能发展规模经营。家庭农场是从事商品化的农产品生产，具有较高的经济收益。因此，农产品销售收入是其主要收入来源。2015年，我国家庭农场年销售农产品总值在10万元以下的家庭农场占比为33.9%，10万（含）~ 50万元的占比为44.1%，50万（含）~ 100万元的占比为15%，100万元及以上的占比为7%。青海、天津、四川等地的家庭农场年销售农产品总值在10万元以下的占比较高，都在一半以上。江苏、浙江、安徽、福建、广东等地家庭农场年销售农产品总值在100万元及以上的占比较高，超过全国平均值。上海的家庭农场年销售农产品总值在10万（含）~ 50万元之间的占80%以上，这是当地政府控制家庭农场规模、兼顾公平与效率的结果。北京的家庭农场年销售农产品总值全部都在50万（含）~ 100万元之间。

附表1-4 2015年家庭农场劳动力、流转土地、农产品销售统计

地 区	家庭农场平均劳动力数量（人）			流转土地占耕地面积的比重（%）	年销售农产品总值分布占比（%）			
	总劳动力	家庭成员	常年雇工		10万元以下	10万（含）~50万元	50万（含）~100万元	100万元及以上
北京	2.5	2.5	0.0	0.0	0.0	0.0	100.0	0.0
天津	3.3	2.5	0.8	73.0	67.1	22.7	7.6	2.7
河北	5.9	3.9	2.0	82.8	49.3	32.6	10.6	7.5
山西	3.4	2.6	0.7	61.4	23.7	60.5	9.2	6.6
内蒙古	4.1	2.8	1.4	65.1	24.7	65.8	6.1	3.5
辽宁	4.6	2.9	1.8	82.4	33.7	47.9	11.8	6.6
吉林	5.2	4.0	1.2	53.3	29.3	56.0	11.6	3.2
黑龙江	5.1	2.9	2.2	47.5	30.6	56.8	10.2	2.4
上海	3.9	2.6	1.3	98.2	10.5	81.4	7.0	1.1
江苏	9.6	6.6	3.0	83.3	14.4	46.0	26.2	13.4
浙江	4.9	2.7	2.3	82.8	40.1	37.8	12.9	9.3
安徽	4.6	2.9	1.7	91.4	22.6	44.8	21.6	11.0
福建	5.3	3.3	2.1	38.5	32.2	43.6	14.6	9.5
江西	6.0	4.2	1.8	58.2	37.0	42.8	14.6	5.7
山东	5.3	3.3	2.0	76.5	34.6	47.0	12.6	5.8
河南	14.8	9.9	5.0	82.8	36.3	36.5	16.5	10.8
湖北	4.8	2.7	2.1	65.3	35.2	43.4	14.6	6.8
湖南	23.0	18.9	4.1	50.6	39.2	42.4	13.4	4.9
广东	4.9	3.4	1.5	56.6	46.1	20.0	23.2	10.7
广西	6.7	4.8	1.9	64.7	33.2	46.9	14.7	5.2
海南	31.6	30.9	0.8	4.7	42.1	41.9	11.5	4.5
重庆	5.2	3.5	1.7	77.8	28.0	49.3	17.1	5.7
四川	4.7	3.2	1.6	73.0	52.3	36.5	8.2	3.0
贵州	52.8	36.2	16.6	54.7	42.0	39.9	12.4	5.6
云南	4.8	3.4	1.4	69.1	25.4	51.5	15.4	7.6
陕西	4.6	3.4	1.2	79.5	34.7	49.5	11.4	4.3

（续）

地 区	家庭农场平均劳动力数量（人）			流转土地占耕地面积的比重（%）	年销售农产品总值分布占比（%）			
	总劳动力	家庭成员	常年雇工		10万元以下	10万（含）~50万元	50万（含）~100万元	100万元及以上
甘肃	4.4	2.9	1.4	57.9	42.3	40.0	14.7	3.0
青海	3.8	3.0	0.8	78.8	79.8	18.3	1.5	0.4
宁夏	4.5	3.1	1.4	88.3	17.1	43.4	22.5	17.0
新疆	4.0	2.3	1.7	24.6	49.2	34.7	6.9	9.2
全国	7.0	4.8	2.2	69.4	33.9	44.1	15.0	7.0

数据来源：农业部农村经济体制与经营管理司。

二、家庭农场主基本情况

2015年，监测团队共收到3 073份家庭农场监测问卷，通过问卷检查、逻辑检验，对问卷填写不规范、关键信息缺失过多的样本进行了筛除，最终进入数据统计分析的有效样本总量为2 903个，有效样本率达到94.47%。

（一）农场主性别

在监测的家庭农场中，88.80%的家庭农场主为男性，只有11.20%的家庭农场主为女性（附表1-5）。其中，西藏（100%）、上海（98.00%）、吉林（97.00%）、新疆（95.92%）、黑龙江（95.71%）、内蒙古（95.24%）和海南（95.24%）7个地区男性家庭农场主比例均超过95%。

附表1-5　家庭农场主性别分布

地　区	样本量（个）	男性所占比重（%）	女性所占比重（%）
全国	2 903	88.80	11.20
北京	27	85.19	14.81
天津	40	87.50	12.50
河北	94	87.23	12.77
山西	110	91.82	8.18
内蒙古	84	95.24	4.76
辽宁	101	91.09	8.91

（续）

地　区	样本量（个）	男性所占比重（％）	女性所占比重（％）
吉林	200	97.00	3.00
黑龙江	303	95.71	4.29
上海	100	98.00	2.00
江苏	82	89.02	10.98
浙江	77	92.21	7.79
安徽	98	90.82	9.18
福建	98	85.71	14.29
江西	65	92.31	7.69
山东	80	85.00	15.00
河南	98	84.69	15.31
湖北	65	92.31	7.69
湖南	57	91.23	8.77
广东	94	79.79	20.21
广西	61	86.89	13.11
海南	42	95.24	4.76
重庆	104	79.81	20.19
四川	96	82.29	17.71
贵州	101	74.26	25.74
云南	198	86.36	13.64
西藏	1	100.00	0.00
陕西	99	85.86	14.14
甘肃	96	93.75	6.25
青海	89	80.90	19.10
宁夏	94	76.60	23.40
新疆	49	95.92	4.08

（二）农场主年龄

监测的家庭农场中，农场主的平均年龄为45.77岁。农场主年龄在40岁（含）以下的占25.90%；农场主年龄在41～50岁之间的占44.64%；农场主年龄在51

岁（含）以上的占29.46%（附图1-1），远低于2010年全国人口普查数据全国农业人口的34.53%。可以看出家庭农场主的平均年龄低于全国农业从业人员。

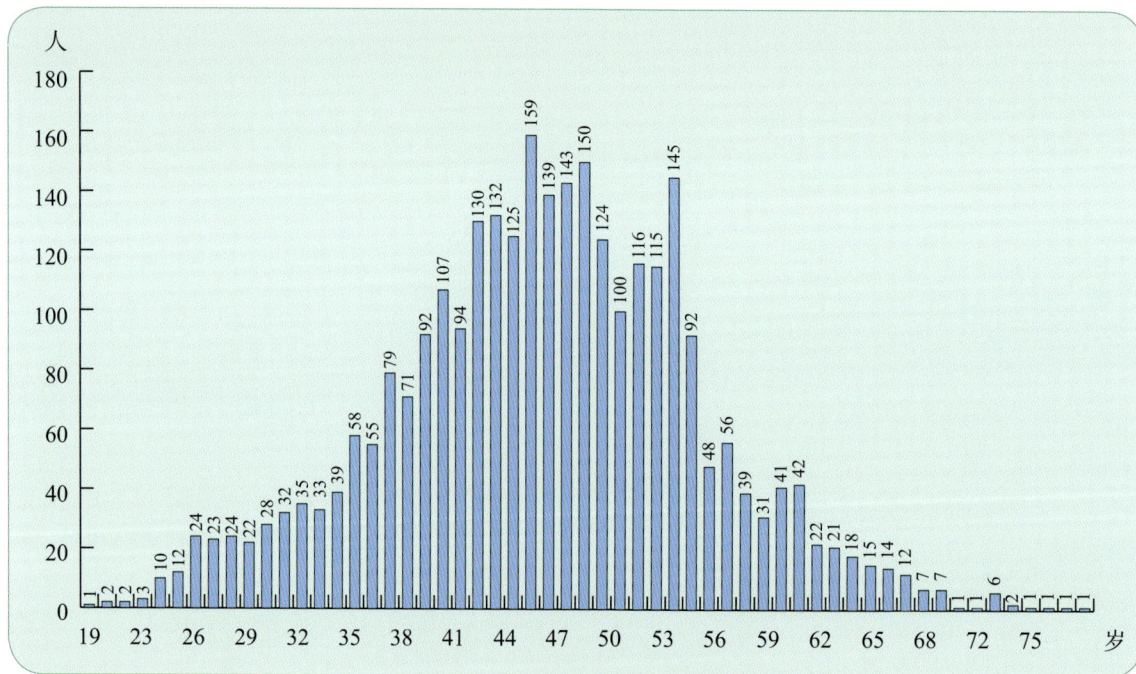

附图1-1　家庭农场主年龄分布

从地区分布看（附表1-6），北京家庭农场主的平均年龄最大，为50.26岁；其次是山西（48.78岁）、新疆（48.14）、安徽（47.88）、内蒙古（47.64）、海南（47.33）、甘肃（47.09）。不同类型的家庭农场中，种植业农场主的平均年龄要略高。其中，粮食类农场主的平均年龄更高一些，这说明相较于其他类型的家庭农场，年龄稍大的农场主在从事粮食类家庭农场的经营。

附表1-6　家庭农场主平均年龄

地　区	样本量（个）	农场主平均年龄（岁）	种植业类农场主平均年龄（岁）	粮食类农场主平均年龄（岁）
全国	2 903	45.77	45.92	46.44
北京	27	50.26	48.70	46.71
天津	40	46.63	47.19	50.31
河北	94	45.39	44.85	44.59
山西	110	48.78	49.96	49.86
内蒙古	84	47.64	47.61	48.76
辽宁	101	46.89	46.51	46.76

（续）

地　区	样本量（个）	农场主平均年龄（岁）	种植业类农场主平均年龄（岁）	粮食类农场主平均年龄（岁）
吉林	200	46.76	46.74	46.77
黑龙江	303	45.18	44.75	44.57
上海	100	46.98	46.72	47.20
江苏	82	46.94	47.57	48.33
浙江	77	45.16	45.75	47.06
安徽	98	47.88	48.21	48.50
福建	98	45.04	45.81	49.20
江西	65	45.34	45.39	44.79
山东	80	46.36	46.79	46.46
河南	98	44.45	44.56	44.75
湖北	65	46.94	46.88	49.07
湖南	57	43.68	44.31	45.33
广东	94	45.65	44.70	47.11
广西	61	46.84	47.32	47.15
海南	42	47.33	47.24	39.00
重庆	104	46.51	46.21	47.75
四川	96	44.70	43.81	43.12
贵州	101	43.06	44.34	—
云南	198	43.63	43.60	44.40
西藏	1	40.00	—	—
陕西	99	43.75	45.55	43.83
甘肃	96	47.09	46.93	52.09
青海	89	44.09	43.98	44.80
宁夏	94	43.86	44.54	45.60
新疆	49	48.14	48.41	53.67

　　将农场主、常年雇佣劳动力、家庭自有劳动力的年龄结构进行比较（附图1-2），可以有以下发现。

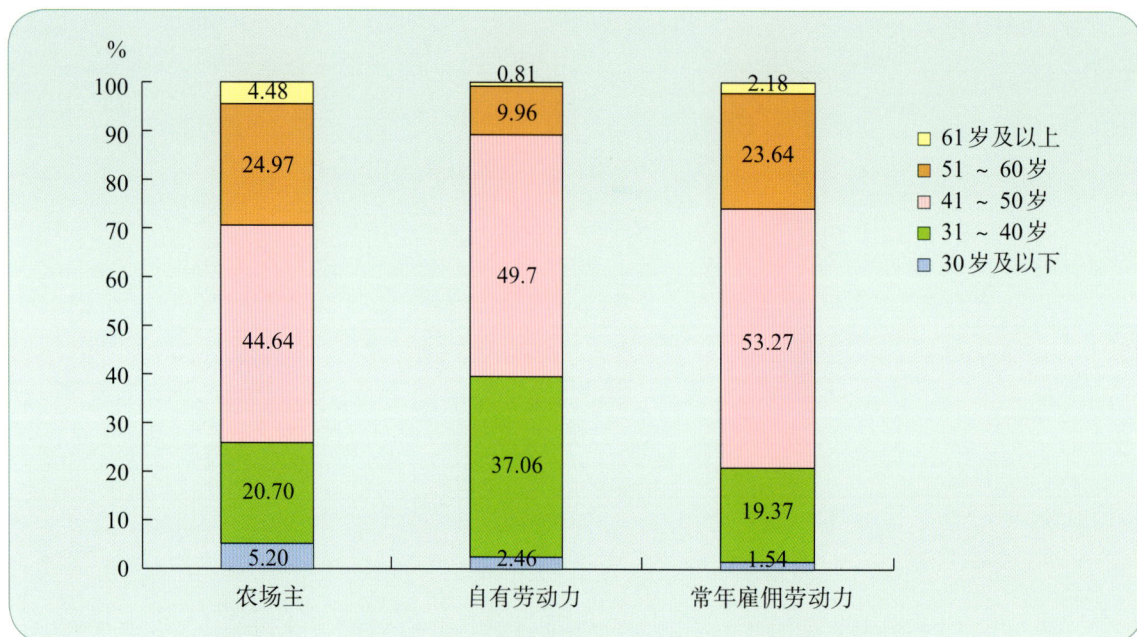

附图1-2　农场主、常年雇佣劳动力、家庭自有劳动力年龄比较

　　常年雇佣劳动力与家庭农场主的年龄结构在31 ～ 40岁、51 ～ 60岁这两个年龄段上基本类似。31 ～ 40岁人数占比分别为19.37%和20.70%；51 ～ 60岁人数占比分别为23.64%和24.97%。但在41 ～ 50岁这个年龄段上差别较大，前者人数占比53.27%，后者人数占比44.64%。常年雇佣劳动力的平均年龄要大于农场主的平均年龄，而临时雇佣的劳动力主要完成除草、施肥及其他需要人工完成而且劳动强度不高的作业环节，临时雇佣的劳动力年龄会更加偏大一些。规模经营的家庭农场实际上为无法转移到其他产业甚至由于年龄原因本应退出农业生产的老龄劳动力提供了一个再就业的机会。

　　同时，家庭自有劳动力平均年龄为43.35岁，整体年龄结构对比于家庭农场主和雇佣劳动力要年轻。家庭自有劳动力40岁及以下人数的占比为39.52%，41 ～ 50岁人数占比为49.70%，51周岁以上占比只有10.77%。这表明，家庭农场后继有人，但也要看到家庭农场主平均年龄与自有劳动力平均年龄只差4岁，表明农场主也同时面临着代际传递的问题。

（三）农场主受教育程度

　　在监测的家庭农场中，农场主受教育程度为初中的占样本总数的45.61%，受教育程度为高中、中专、职高的占37.07%，大专及以上学历的农场主占11.23%（附图1-3）。全部农场、种植业农场以及粮食类农场的农场主受教育程度的分布情况大体一致。

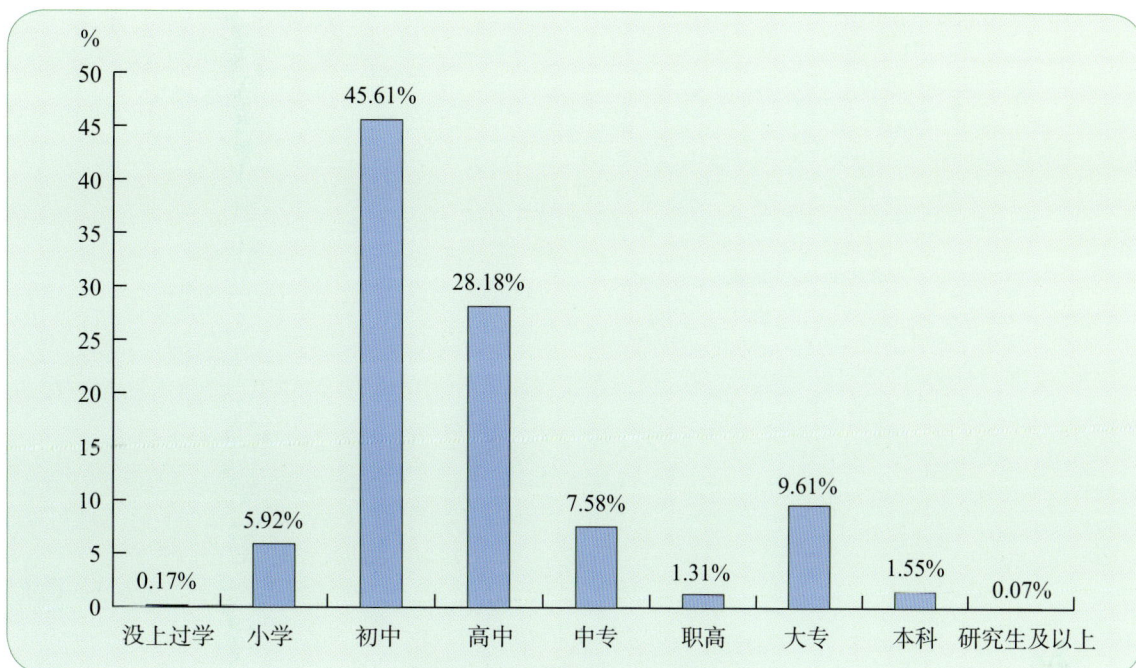

附图1-3 家庭农场主学历分布

显然，这与2010年人口普查结果中全国农业从业人员中43.45%的受教育程度为小学及以下相比，农场主文化程度较高，是懂技术、会经营的新型农业经营主体。

附表1-7统计了各个地区家庭农场主受教育程度的具体情况。可以看出，经济发达地区农场主的受教育程度相对较高。

附表1-7 家庭农场主学历结构

地区	样本量（个）	没上过学（%）	小学（%）	初中（%）	高中（%）	中专（%）	职高（%）	大专（%）	本科（%）	研究生及以上（%）
全国	2 903	0.17	5.92	45.61	28.18	7.58	1.31	9.61	1.55	0.07
北京	27	0.00	0.00	37.04	29.63	7.41	0.00	22.22	3.70	0.00
天津	40	0.00	7.50	20.00	37.50	5.00	0.00	25.00	5.00	0.00
河北	94	0.00	2.13	44.68	30.85	15.96	0.00	4.26	2.13	0.00
山西	110	0.00	2.73	62.73	26.36	2.73	1.82	3.64	0.00	0.00
内蒙古	84	2.38	13.10	44.05	28.57	3.57	1.19	7.14	0.00	0.00
辽宁	101	0.00	2.97	51.49	20.79	5.94	0.00	17.82	0.00	0.99
吉林	200	0.00	9.50	61.00	20.00	3.50	0.00	4.50	1.50	0.00
黑龙江	303	0.00	1.32	47.19	31.68	10.23	0.33	8.91	0.33	0.00
上海	100	0.00	14.00	52.00	14.00	4.00	1.00	13.00	2.00	0.00

（续）

地区	样本量（个）	没上过学（%）	小学（%）	初中（%）	高中（%）	中专（%）	职高（%）	大专（%）	本科（%）	研究生及以上（%）
江苏	82	0.00	4.88	30.49	39.02	6.10	0.00	12.20	7.32	0.00
浙江	77	0.00	1.30	46.75	20.78	5.19	2.60	16.88	6.49	0.00
安徽	98	0.00	6.12	48.98	31.63	4.08	1.02	8.16	0.00	0.00
福建	98	1.02	6.12	46.94	16.33	12.24	1.02	15.31	1.02	0.00
江西	65	0.00	3.08	36.92	29.23	10.77	3.08	16.92	0.00	0.00
山东	80	0.00	2.50	31.25	40.00	12.50	1.25	7.50	5.00	0.00
河南	98	0.00	3.06	28.57	42.86	10.20	3.06	11.22	1.02	0.00
湖北	65	0.00	1.54	16.92	53.85	13.85	1.54	10.77	1.54	0.00
湖南	57	0.00	1.75	38.60	40.35	7.02	1.75	8.77	1.75	0.00
广东	94	1.06	9.57	35.11	28.72	7.45	4.26	11.70	2.13	0.00
广西	61	0.00	4.92	31.15	36.07	4.92	3.28	19.67	0.00	0.00
海南	42	0.00	4.76	23.81	30.95	9.52	9.52	19.05	2.38	0.00
重庆	104	0.96	7.69	58.65	18.27	7.69	0.96	4.81	0.96	0.00
四川	96	0.00	3.13	50.00	31.25	8.33	1.04	5.21	1.04	0.00
贵州	101	0.00	4.95	54.46	24.75	6.93	0.99	7.92	0.00	0.00
云南	198	0.00	11.11	50.00	21.21	6.57	3.54	5.56	2.02	0.00
西藏	1	0.00	0.00	100.00	0.00	0.00	0.00	0.00	0.00	0.00
陕西	99	0.00	6.06	33.33	40.40	13.13	0.00	5.05	1.01	1.01
甘肃	96	0.00	8.33	46.88	26.04	5.21	0.00	12.50	1.04	0.00
青海	89	0.00	14.61	44.94	26.97	4.49	1.12	6.74	1.12	0.00
宁夏	94	0.00	4.26	57.45	24.47	2.13	0.00	9.57	2.13	0.00
新疆	49	0.00	8.16	53.06	12.24	16.33	0.00	8.16	2.04	0.00

（四）农场主从业经历

在监测的家庭农场中，农场主从业经历中是普通农民的占62.52%，专业大户占59.35%，个体投资业者占26.01%，合作社主要负责人占22.46%，农机手占15.78%，村干部（含大学生"村官"）占14.74%，进城务工返乡人员占10.64%，毕业大学生/中专生占5.61%，企业管理层占4.34%（表15）。不同类型家庭农场主的从业经历也存在一定的差异性（附图1-4）。其中，从业经历是专业大户的农场主比例在粮食类和种养结合类的农场中较高，而从业经历是个体投资者、村干部、进城务工返乡人员、毕业大学生、企业管理层的农场主比例在种养结合类的农场中较高（附表1-8）。

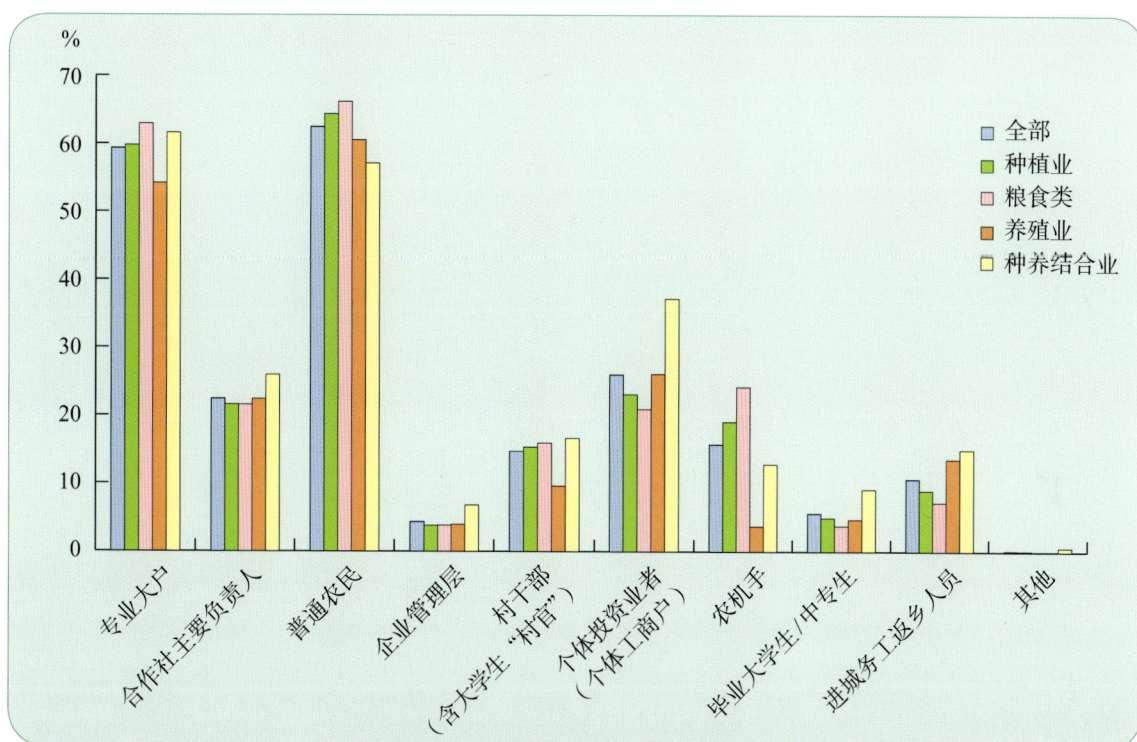

附图1-4　家庭农场主从业经历分布

附表1-8　家庭农场主从业经历分布占比

单位：%

从业经历	全部	种植业	粮食类	养殖业	种养结合业
专业大户	59.35	59.79	62.94	54.19	61.63
合作社主要负责人	22.46	21.60	21.57	22.41	25.97
普通农民	62.52	64.40	66.21	60.59	57.17
企业管理层	4.34	3.80	3.83	3.94	6.78
村干部（含大学生"村官"）	14.74	15.37	15.97	9.61	16.67
个体投资业者（个体工商户）	26.01	23.12	20.93	26.11	37.21
农机手	15.78	19.07	24.20	3.69	12.79
毕业大学生/中专生	5.61	4.92	3.75	4.68	9.11
进城务工返乡人员	10.64	8.92	7.19	13.55	14.92
其他	0.14	0.05	0.00	0.00	0.58

（五）农场主户籍与土地承包经营权情况

在监测的家庭农场中，农场主主要来自本乡、本村。其中，来自本村的占83.64%，来自本乡的占到近92%（附图1-5），可见农场主主要是从本地户籍的农民中产生。

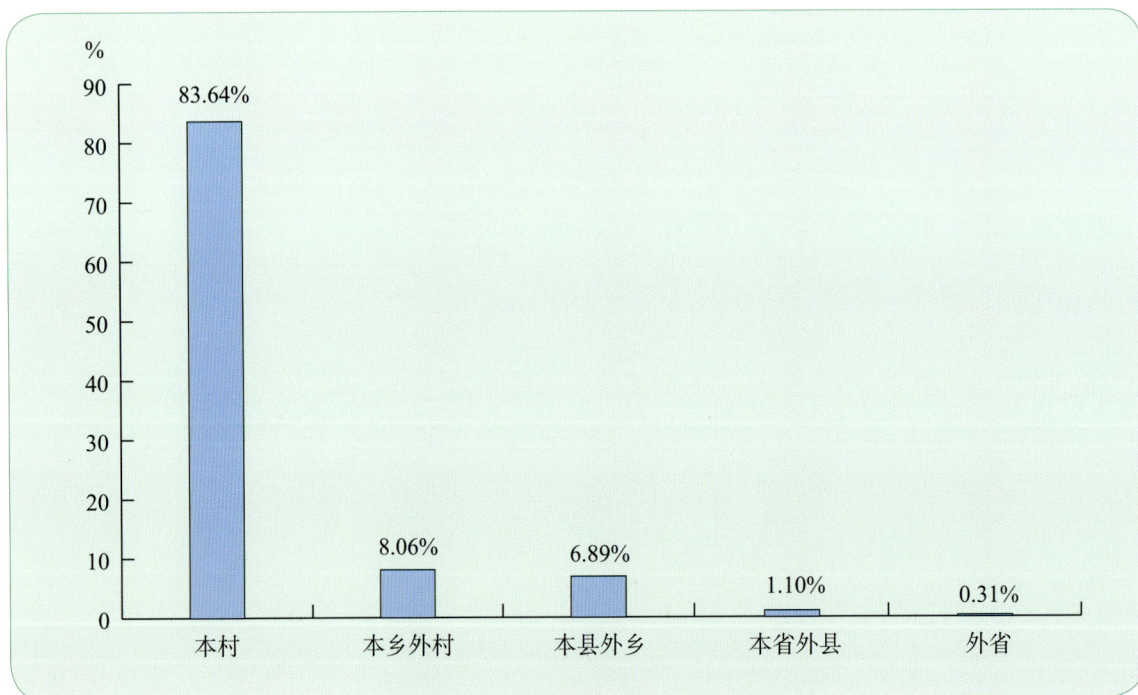

附图1-5　家庭农场主户籍分布

在种植业家庭农场中，农场主也主要来自于本乡、本村。其中，来自本村的占85.04%，来自本乡的占92.44%。在粮食类家庭农场中，来自本乡的农场主占94.44%，高于全部家庭农场的本乡农场主占比。

各地农场主具体的户籍分布情况见附表1-9。可以看出，除了天津、江苏、浙江、山东四地的农场主本乡户籍占比在60%～85%之间外，其他地区均高于85%，其中有17个地区高于90%。户籍来源于本乡的整体比例较高，山西的农场主全部来自本乡。

附表1-9　各省农场主户籍分布

地　区	样本量（个）	本村（%）	本乡外村（%）	本县外乡（%）	本省外县（%）	外省（%）
全国	2 903	83.64	8.06	6.89	1.10	0.31
北京	27	92.59	3.70	3.70	0.00	0.00
天津	40	77.50	5.00	15.00	2.50	0.00
河北	94	91.49	4.26	4.26	0.00	0.00

（续）

地 区	样本量 （个）	本村 （%）	本乡外村 （%）	本县外乡 （%）	本省外县 （%）	外省 （%）
山西	110	98.18	1.82	0.00	0.00	0.00
内蒙古	84	98.81	0.00	1.19	0.00	0.00
辽宁	101	95.05	3.96	0.00	0.00	0.99
吉林	200	95.50	2.50	1.50	0.50	0.00
黑龙江	303	92.74	4.62	2.31	0.33	0.00
上海	100	96.00	4.00	0.00	0.00	0.00
江苏	82	73.17	6.10	17.07	2.44	1.22
浙江	77	40.26	20.78	27.27	7.79	3.90
安徽	98	70.41	15.31	10.20	4.08	0.00
福建	98	72.45	15.31	11.22	1.02	0.00
江西	65	87.69	3.08	3.08	0.00	6.15
山东	80	72.50	10.00	16.25	1.25	0.00
河南	98	86.73	3.06	10.20	0.00	0.00
湖北	65	78.46	10.77	10.77	0.00	0.00
湖南	57	64.91	21.05	14.04	0.00	0.00
广东	94	75.53	18.09	4.26	2.13	0.00
广西	61	70.49	14.75	13.11	1.64	0.00
海南	42	78.57	9.52	9.52	2.38	0.00
重庆	104	85.58	8.65	5.77	0.00	0.00
四川	96	82.29	8.33	9.38	0.00	0.00
贵州	101	87.13	1.98	5.94	4.95	0.00
云南	198	67.17	19.19	12.12	1.52	0.00
西藏	1	100.00	0.00	0.00	0.00	0.00
陕西	99	96.97	1.01	2.02	0.00	0.00
甘肃	96	86.46	9.38	4.17	0.00	0.00
青海	89	85.39	8.99	4.49	1.12	0.00
宁夏	94	80.85	7.45	9.57	2.13	0.00
新疆	49	89.80	6.12	4.08	0.00	0.00

另外，在监测的家庭农场中，有87.32%的农场主拥有村集体土地承包经营权，有1.52%的农场主曾经拥有村集体土地承包经营权，还有11.16%的农场主没有村集体土地承包经营权（附图1-6）。这说明还是有一小部分的农场主是完全依靠流转土地来经营家庭农场的。

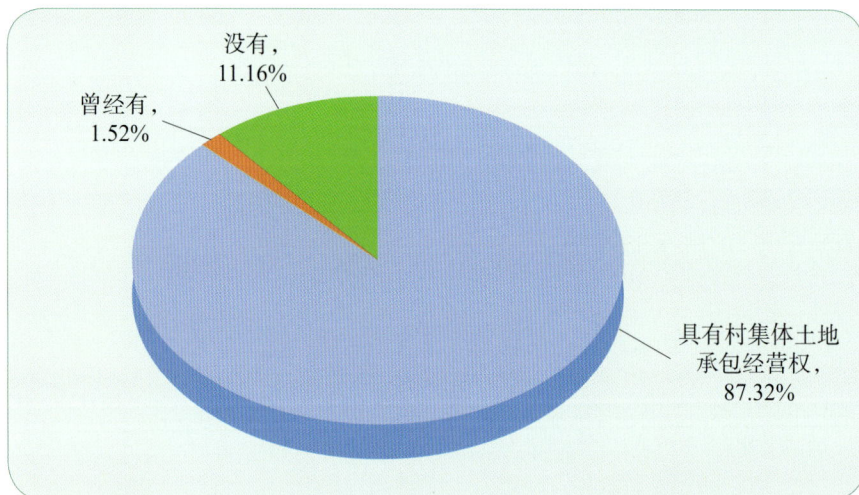

附图1-6　家庭农场主是否具有村集体土地承包经营权占比

（六）农场主接受培训情况

在监测的样本家庭农场中，有2 398个农场主接受过培训，占有效样本总数的82.60%，仍有17.40%的农场主未接受过培训（附表1-10）。分区域看，90%以上的农场主都接受过培训的地区有16个。其中，上海、山东、西藏全部的农场主都接受过培训；内蒙古只有33.33%的农场主接受过培训；海南、广东接受过培训的农场主占比较低，分别为47.62%、51.06%。81.74%的种植业农场主、80.64%的粮食类农场主接受过培训，粮食类农场主接受培训的比例要低于总体样本的比例。

附表1-10　家庭农场主接受培训情况

地　区	样本量（个）	接受过培训所占比重（%）	未接受过培训所占比重（%）
全国	2 903	82.60	17.40
北京	27	96.30	3.70
天津	40	80.00	20.00
河北	94	85.11	14.89
山西	110	80.00	20.00

（续）

地　区	样本量（个）	接受过培训所占比重（%）	未接受过培训所占比重（%）
内蒙古	84	33.33	66.67
辽宁	101	86.14	13.86
吉林	200	75.00	25.00
黑龙江	303	53.47	46.53
上海	100	100.00	0.00
江苏	82	91.46	8.54
浙江	77	98.70	1.30
安徽	98	96.94	3.06
福建	98	92.86	7.14
江西	65	87.69	12.31
山东	80	100.00	0.00
河南	98	81.63	18.37
湖北	65	93.85	6.15
湖南	57	98.25	1.75
广东	94	51.06	48.94
广西	61	83.61	16.39
海南	42	47.62	52.38
重庆	104	97.12	2.88
四川	96	97.92	2.08
贵州	101	86.14	13.86
云南	198	85.86	14.14
西藏	1	100.00	0.00
陕西	99	97.98	2.02
甘肃	96	98.96	1.04
青海	89	91.01	8.99
宁夏	94	89.36	10.64
新疆	49	91.84	8.16

（续）

家庭农场主接受的培训主要有土肥培育技术培训、疫病防治技术培训、育种或栽培技术培训、经营管理知识培训（附表1-11）。在监测的家庭农场中，接受过土肥培育技术培训的农场主占58.04%，接受过疫病防治技术培训的农场主占48.78%，接受过育种或栽培技术培训的农场主占44.61%，接受过疫病防治技术培训的农场主占41.03%。

不同经营类型家庭农场的农场主接受培训的内容有所不同（附表1-11）。种植业农场主接受的培训主要有土肥培育技术培训（农场主占比为66.68%）、疫病防治技术培训（农场主占比为58.47%）、经营管理知识培训（农场主占比为40.62%）、育种或栽培技术培训（农场主占比为40.52%）。粮食类农场主接受的培训主要有土肥培育技术培训（农场主占比为62.35%）、疫病防治技术培训（农场主占比为55.06%）、育种或栽培技术培训（农场主占比为42.64%）、农机驾驶操作技术培训（农场主占比为40.54%）。养殖业农场主接受的培训主要有养殖技术培训（农场主占比为77.34%）、育种或栽培技术培训（农场主占比为51.72%）、经营管理知识培训（农场主占比为40.39%）。种养结合类农场主接受的培训主要有养殖技术培训（农场主占比为61.63%）、土肥培育技术培训（农场主占比为61.24%）、育种或栽培技术培训（农场主占比为54.46%）、疫病防治技术培训（农场主占比为46.51%）、经营管理知识培训（农场主占比为42.64%）。

附表1-11　不同经营类型家庭农场主接受各类技术培训情况

单位：%

培训内容	全部家庭农场	种植业农场	粮食类农场	养殖业农场	种养结合农场
土肥培育技术	58.04	66.68	62.35	12.07	61.24
疫病防治技术	48.78	58.47	55.06	4.68	46.51
育种或栽培技术	44.61	40.52	42.64	51.72	54.46
经营管理知识	41.03	40.62	37.98	40.39	42.64
农机驾驶操作技术	31.17	36.61	40.54	5.42	30.43
养殖技术	27.59	8.52	20.83	77.34	61.63
地膜覆盖技术	24.32	28.25	23.32	2.46	26.55
三品一标、农产品质量安全知识培训	21.39	22.41	20.43	12.56	24.03
农产品加工技术	11.82	13.49	12.35	3.69	11.43
其　他	0.31	0.25	0.20	0.74	0.00

（七）自有劳动力和雇佣劳动力

在监测的家庭农场中，每个家庭农场平均拥有3.68个自有劳动力，这个数值低于2014年全国农村经营管理统计资料数据；每个家庭农场平均常年雇佣2.92个劳动力，这个数值高于2014年全国农村经营管理统计资料数据；每个家庭农场一年中单次临时最多雇佣劳动力人数平均为20.28个（附表1-12）。

附表1-12　家庭农场自有劳动力人数和常年雇佣劳动力人数

单位：个

地　区	自有劳动力		常年雇佣劳动力		单次临时最多雇佣劳动力	
	最大值	平均值	最大值	平均值	最大值	平均值
全国	8	3.68	50	2.92	260	20.28
北京	7	3.70	18	3.33	200	16.78
天津	8	3.50	20	3.75	100	19.92
河北	8	4.39	30	2.89	120	14.19
山西	7	3.08	41	1.58	200	10.02
内蒙古	7	3.48	40	2.01	200	15.76
辽宁	8	3.28	20	2.21	80	12.36
吉林	8	4.31	50	3.75	80	17.76
黑龙江	8	3.81	30	2.55	120	20.68
上海	8	2.85	0	0.00	60	7.84
江苏	8	2.93	7	1.55	60	11.74
浙江	8	3.66	30	5.81	100	25.00
安徽	7	3.48	30	4.49	150	30.28
福建	8	3.65	20	2.52	100	19.89
江西	7	3.98	40	4.43	100	24.17
山东	7	3.35	50	5.98	86	19.61
河南	8	4.36	15	2.27	130	27.41
湖北	8	4.14	30	4.78	200	36.89
湖南	8	3.56	40	4.93	200	34.96
广东	8	4.54	40	4.71	136	14.38
广西	8	3.74	20	3.52	120	13.66

（续）

地　区	自有劳动力		常年雇佣劳动力		单次临时最多雇佣劳动力	
	最大值	平均值	最大值	平均值	最大值	平均值
海南	8	5.21	20	4.05	236	21.56
重庆	8	4.02	30	2.04	150	16.46
四川	8	3.76	7	1.58	145	16.59
贵州	6	3.33	35	2.30	220	15.83
云南	8	3.46	50	2.91	150	24.98
西藏	6	10.00	15	15.00	200	200.00
陕西	8	3.42	6	1.02	130	13.27
甘肃	8	3.59	45	3.15	260	32.82
青海	8	3.31	20	2.48	170	26.37
宁夏	6	3.45	46	3.49	200	27.48
新疆	7	2.69	5	1.29	140	28.96

三、农场主特征与家庭农场经营特征研究

本部分利用2015年全国家庭农场典型监测数据，主要分析了农场主的年龄、受教育程度、接受培训和户籍归属四方面主要特征与家庭农场基本情况、流转土地情况、生产经营情况以及融资保险情况之间的关系。

（一）农场主特征与家庭农场基本情况

1.农场主受教育水平

本研究把家庭农场主的受教育程度分为小学及以下、初中、高中/中专/职高和大专及以上四个等级。其中，农场主是小学及以下教育水平的占6.1%，初中的占45.61%，高中/中专/职高的占37.07%，大专及以上的占11.23%。

从附表1-13中可以看出，随着农场主受教育程度的提高，家庭农场工商登记的比例逐步提高，农场主的受教育程度是大专及以上的农场进行工商登记的比例达到73.31%，超出农场主是小学及以下受教育程度近20%。家庭农场有完整的日常收支记录的比例逐步提高，农场主是小学及以下受教育程度的，只有59.32%的农场有完整的收支记录；而农场主是大专及以上受教育程度的，该比例达到81.9%。随着农场主受教育程度的提高，有注册商标的农场占比从5.65%上升到23.62%；被县级以

上农业部门评定为示范农场的比例从23.16%上升到54.29%；获得"三品一标"认证的比例从13.56%上升到23.01%。而且，农场主的受教育水平不同，家庭农场的经营类型占比也不同。学历为初中的从事粮食（指种植小麦、水稻、玉米三种主要粮食作物）种植的比例较高，从事种养结合的比例较低；而大专及以上学历的农场主，从事粮食种植的占比在四个学历分组中较低，从事种养结合的在四个学历分组中占比最高。

附表1-13 农场主受教育程度与家庭农场基本情况占比

单位：%

教育水平	工商登记	有完整的收支记录	有注册商标	示范农场	获得"三品一标"认证	从事粮食种植	从事种养结合
小学及以下	54.24	59.32	5.65	23.16	13.56	48.02	14.77
初中	57.93	68.88	8.16	37.31	11.10	54.46	15.86
高中/中专/职高	68.59	76.77	14.78	47.86	13.75	52.14	18.06
大专及以上	73.31	81.90	23.62	54.29	23.01	47.55	26.38
全部样本	63.38	72.68	12.19	42.27	13.57	52.43	17.79

2.农场主年龄

本课题将农场主的年龄分为五组，即35岁以下、35（含）～45岁、45（含）～55岁、55（含）～65岁和65岁及以上，样本占比分别为9.99%，32.48%，44.2%，11.47%和1.86%。通过附表1-14可以看出，年轻的农场主进行工商登记的比例较高，有完整收支记录的比例较高，有注册商标的比例较高，被评为县级以上示范农场的比例也明显偏高。农场产品获得"三品一标"认证比例较高的是55（含）～65岁和35（含）～45岁的农场主，这可能是由于55（含）～65岁的农场主规模经营的年数较长，对农产品质量要求较高，而35岁以下的农场主可能是由于刚进入农场经营不久，产品申请认证还需要时间。从事粮食种植比例最高的是55（含）～65岁的农场主，从事种养结合比例最高的是35岁以下和65岁及以上的农场主，这可能是由于年轻的农场主容易接受生态循环农业的模式，而65岁及以上的农场主可能选择传统的种养结合模式。

附表1-14　农场主年龄与家庭农场基本情况占比

单位：%

年　龄	工商登记	有完整的收支记录	有注册商标	示范农场	获得"三品一标"认证	从事粮食种植	从事种养结合
35岁以下	70.00	70.69	14.14	48.28	10.69	47.24	20.00
35（含）~ 45岁	65.11	74.66	11.45	43.58	14.42	49.31	17.29
45（含）~ 55岁	61.73	72.88	12.08	41.31	13.02	53.62	17.27
55（含）~ 65岁	60.36	69.97	13.21	37.24	16.82	62.16	17.72
65岁及以上	55.56	61.11	11.11	40.74	7.41	46.30	27.78

3.农场主是否接受培训

在监测的家庭农场中，有82.6%的农场主参加过各类培训，还有17.4%的农场主没有参加过培训。从附表1-15中可以看出，参加过培训的农场主，其家庭农场进行工商登记的比例更高，有完整的日常收支记录的比例更高，有注册商标的比例更高，获得县级以上示范农场的比例更高，获得"三品一标"认证的比例也更高，而且这些比例与没有参加过培训的农场主差距较大。接受过培训的农场主从事粮食种植的比例略低于没有接受过培训的农场主；相反，接受过培训的农场主从事种养结合的比例略高于没有接受过培训的农场主。

附表1-15　农场主接受培训与家庭农场基本情况占比

单位：%

是否接受培训	工商登记	有完整的收支记录	有注册商标	示范农场	获得"三品一标"认证	从事粮食种植	从事种养结合
是	67.60	77.94	14.05	45.79	15.72	51.50	18.06
否	43.37	47.72	3.37	25.54	3.37	56.83	16.50

4.农场主户籍归属

在监测的家庭农场中，农场主的户籍在本村的占83.64%，在本乡外村的占8.06%，在本县外乡的占6.89%，在本省外县的占1.1%，在外省的占0.31%。附表1-16的数据说明，户籍不在本村的农场主比户籍在本村的农场主，家庭农场工商登记的比例更高，有完整的日常收支记录的比例更高，有注册商标的比例更高，获得县级以上示范农场的比例更高，获得"三品一标"认证的比例也更高，从事粮食种植的比例更低，从事种养结合的比例更高。这说明，相对于本地农场主，外地农场主更注重农场的规范化、品牌化和多元化。

附表1-16 农场主户籍归属与家庭农场基本情况占比

单位：%

户籍归属	工商登记	有完整的收支记录	有注册商标	示范农场	获得"三品一标"认证	从事粮食种植	从事种养结合
本村	61.12	71.17	9.93	40.98	12.23	54.98	16.78
本乡外村	69.66	77.78	17.09	47.01	16.67	39.74	24.36
本县外乡	81.00	82.50	31.00	49.50	22.50	40.00	22.50
本省外县	68.75	87.50	31.25	62.50	31.25	25.00	18.75
外省	100.00	77.78	11.11	33.33	33.33	66.67	11.11

（二）农场主特征与家庭农场经营土地情况

1.农场主受教育程度

不同受教育程度的农场主经营土地情况也会存在一定的差异，从附表1-17的数据分析中可以看出，随着农场主受教育程度的提高，农场经营土地面积也随之扩大，小学及以下学历的农场主平均经营土地面积为226.11亩，而大专及以上学历的农场主经营土地面积达到525.86亩，是小学及以下学历农场主经营土地面积的2倍多。而且随着农场主受教育程度的提高，转入土地的占比也逐步提高，占比从65.12%提高到80.55%；书面合同的签订率也随之提高，签订率从84.67%提高到92.06%。高学历农场主支付租金中现金租金的比例较高，支付的亩均租金也更高，大专及以上学历的农场主流转土地每年每亩平均支付566.24元，远高于小学及以下学历的农场主的亩均租金447.5元。

附表1-17 农场主受教育程度与家庭农场土地经营情况

教育水平	经营土地面积（亩）	转入土地占比（%）	平均最长租期（年）	书面合同（%）	现金租金（%）	亩均租金（元/年）
小学及以下	226.11	65.12	16.45	84.67	81.63	447.50
初中	320.46	74.59	13.01	88.23	88.35	478.17
高中/中专/职高	417.44	78.27	14.57	90.98	91.21	556.01
大专及以上	525.86	80.55	16.38	92.06	89.94	566.24
全部样本	373.72	76.04	14.19	89.51	89.25	516.45

2.农场主年龄

从附表1-18可以看出，农场主年龄与农场土地经营情况没有必然的联系，65岁及以上的农场主平均经营土地面积最大，35（含）～45岁年龄段的农场主转入土地面积的占比最高，65岁及以上的农场主流转土地中平均最长租期最高，年轻农场主签订的书面合同比例较高，支付的现金租金比例也较高，支付的亩均租金也较高。

附表1-18　农场主年龄与家庭农场土地经营情况

年龄	经营土地面积（亩）	转入土地占比（%）	平均最长租期（年）	书面合同（%）	现金租金（%）	亩均租金（元/年）
35岁以下	337.66	75.28	14.24	90.44	91.18	517.30
35（含）～45岁	401.66	77.32	14.47	90.66	90.21	514.77
45（含）～55岁	365.80	75.86	13.84	89.01	89.42	531.44
55（含）～65岁	336.94	75.49	14.50	87.83	83.72	486.21
65岁及以上	494.45	65.61	15.30	86.54	91.84	370.70

3.农场主户籍归属

从附表1-19中可以看出，农场主的户籍与农场经营土地特征也存在一定的关系。相对于本村农场主，外村农场主经营农场的土地面积较大，转入土地面积占比较高，租期也较长，书面合同的签订率也较高，支付的亩均租金也更高。本村农场主比外村农场主支付现金租金的比例更高。但是由于户籍为外省的农场主在监测的家庭农场中只有9个，因为样本较少，可能导致统计分析结果有一定程度的偏误。

附表1-19　农场主户籍归属与家庭农场土地经营情况

户籍归属	经营土地面积（亩）	转入土地占比（%）	平均最长租期（年）	书面合同（%）	现金租金（%）	亩均租金（元/年）
本村	368.45	74.05	13.38	88.01	90.29	506.31
本乡外村	376.30	81.17	17.75	95.91	87.27	537.09
本县外乡	423.83	91.90	18.63	98.45	81.54	590.14
本省外县	467.17	85.32	16.63	100.0	83.87	641.37
外省	282.78	95.40	19.22	77.78	66.67	478.11

（三）农场主特征与家庭农场生产经营情况

1.农场主受教育程度

具有不同特征的农场主家庭农场生产经营情况也存在一定的差异。首先是受教育程度，从附表1-20的数据分析中可以看出，随着农场主受教育程度的提高，农场主要作物的平均亩产水平有所提高，大专及以上学历的农场主经营的家庭农场主要作物平均亩产水平达到2 257.15斤[①]，同时该组农场主经营粮食作物的比重最低，占52.32%。受教育程度较高的农场主采用测土配方施肥的比例较高，小学及以下学历的农场主只有37.5%采用测土配方施肥技术，低于平均值（54.67%）近18个百分点。农场主受教育程度越高，亩均化肥使用量比周边农户低的比例越高，小学及以下学历的农场主有20.81%亩均化肥使用量比周边农户低，而这个比例在大专及以上的农场主中是34.21%。同样，随着农场主受教育程度的提高，亩均农药使用量比周边农户低的比例也逐渐提高。农场主受教育程度越高，认为合理的农场规模也越大，但是大专及以上学历的农场主认为农场的合理规模略低于高中（中专、职高）学历的农场主，这可能是由于随着学历的提高，他们认为农场的合理规模有一个回归，趋于适度规模。

附表1-20　农场主教育水平与家庭农场生产经营情况

教育水平	主要作物亩产（斤）	粮食作物比重（%）	采用测土配方技术（%）	亩均化肥用量比周边农户低（%）	亩均农药用量比周边农户低（%）	认为合理的农场规模（亩）
小学及以下	1 692.12	56.12	37.50	20.81	21.48	330.65
初中	2 028.95	60.04	54.11	25.06	30.42	371.16
高中/中专/职高	2 022.87	58.29	58.21	32.19	34.13	443.36
大专及以上	2 257.15	52.32	54.10	34.21	39.60	415.90
全部样本	2 033.79	58.28	54.67	28.51	32.34	400.64

2.农场主年龄

从附表1-21中可以看出，农场主年龄越大，家庭农场主要作物亩产量越低。55（含）～65岁的农场主经营粮食作物比重最高，达到65.75%。采用测土配方施肥技术在不同年龄段中没有明显差异。35（含）～45岁的农场主亩均化肥使用量比周

---

① 斤为非法定计量单位，1斤=500克。

边农户低的比例最高，而65岁及以上的农场主亩均农药使用量比周边农户低的比例最高。农场主越年轻，认为合理的农场规模越大，35岁以下的农场主认为合理的农场规模为451.48亩。

附表1-21　农场主年龄与家庭农场生产经营情况

年　龄	主要作物亩产（斤）	粮食作物比重（%）	采用测土配方技术（%）	亩均化肥用量比周边农户低（%）	亩均农药用量比周边农户低（%）	认为合理的农场规模（亩）
35岁以下	2 186.67	55.38	50.57	23.66	28.24	451.58
35（含）~ 45岁	2 052.09	57.42	54.31	32.26	36.31	432.26
45（含）~ 55岁	2 107.01	57.92	55.88	27.54	31.52	386.63
55（含）~ 65岁	1 660.48	65.75	54.25	26.32	27.30	324.64
65岁及以上	1 555.31	51.34	56.60	26.92	36.54	375.57

3.农场主接受培训

从附表1-22的数据分析中可以看出，接受过培训的农场主作物亩产水平远高于没有接受过培训的农场主，平均每亩相差近500斤的产量。接受过培训的农场主经营粮食作物的比例略低。对比没有接受过培训的农场主，接受过培训的农场主采用测土配方施肥技术的比例较高，亩均化肥使用量比周边农户低的比例较高，亩均农药使用量比周边农户低的比例较高，认为合理的农场规模的面积较小。

附表1-22　农场主接受培训与家庭农场生产经营情况

是否接受培训	主要作物亩产（斤）	粮食作物比重（%）	采用测土配方技术（%）	亩均化肥用量比周边农户低（%）	亩均农药用量比周边农户低（%）	认为合理的农场规模（亩）
是	2 119.80	58.09	58.75	31.29	35.58	388.97
否	1 634.65	59.16	35.88	15.78	17.48	456.23

4.农场主户籍归属

从附表1-23的数据分析中可以看出，随着农场主户籍归属的远离，外村农场主比本村农场主的主要作物亩产水平更高，经营粮食作物的比重更低，采用测土配方施肥技术的比例更高，亩均化肥使用量比周边农户低的比例更高，亩均农药使用量比周边农户低的比例也更高，认为合理的农场规模也更大。

附表1-23　农场主户籍归属与家庭农场生产经营情况

户籍归属	主要作物亩产（斤）	粮食作物比重（%）	采用测土配方技术（%）	亩均化肥用量比周边农户低（%）	亩均农药用量比周边农户低（%）	认为合理的农场规模（亩）
本村	1 939.55	61.07	50.57	23.66	28.24	403.57
本乡外村	2 593.69	44.07	54.31	32.26	36.31	360.72
本县外乡	2 551.43	45.09	55.88	27.54	31.52	420.91
本省外县	2 233.46	30.89	54.25	26.32	27.30	359.27
外省	1 650.00	64.50	56.60	26.92	36.54	414.33

四、家庭农场主对比分析

本部分利用2010年全国人口普查数据、2014年全国农村经营管理统计资料数据和2014年全国家庭农场典型监测数据，对比分析了家庭农场主和传统农户之间的主要特征差异。

（一）农场主与传统农户的特征比较

1.受教育程度

2010年的全国人口普查结果中，我国农业就业人口未上学的比例占6.26%，小学的比例占37.19%，初中的比例占50.15%，高中的比例占5.8%，大专及以上的比例占0.6%（附图1-7）。

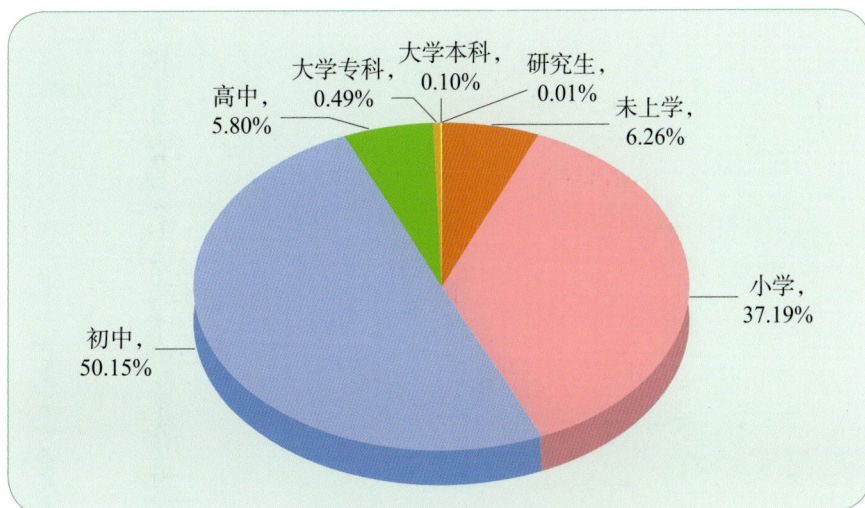

附图1-7　我国农业就业人口受教育程度分布

数据来源：中国2010年人口普查。

而2014年监测的家庭农场数据中，农场主文化水平是小学的只占6.05%，是初中的占48.8%，高中、中专、职高合计占34.96%，大专及以上的占10.2%（附图1-8）。可以看出，家庭农场主的文化水平要普遍高于普通农业就业人口，农场主相较于传统农户，具有较高的受教育程度，是有文化、懂技术、会经营的新型职业农民的一部分。

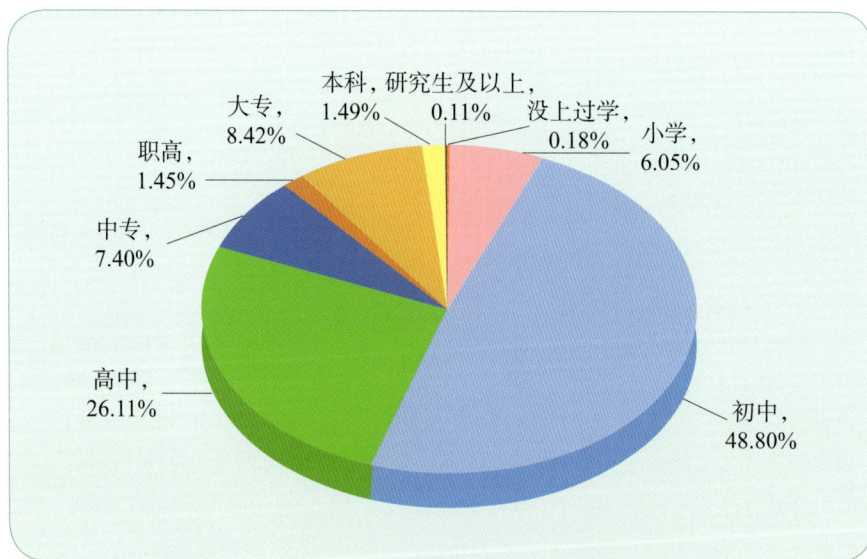

附图1-8　2014年监测家庭农场主受教育程度分布
数据来源：全国家庭农场典型监测。

2.年龄分布

通过2010年的全国人口普查结果可以得知，我国农业就业人口的年龄分布如附图1-9所示。35岁以下的占27.61%，35（含）～45岁的占25.26%，45（含）～55岁的占22.57%，55（含）～65岁的占18.11%，65岁及以上的占6.45%。中间层次的年龄段人数占比较低，55岁以上的年龄段人数占比较高。随着人口的老龄化，农业就业人口也会出现老龄化的趋势。

而2014年监测的家庭农场数据中，虽然35岁以下的农场主占比不高，只有9.99%，但是35（含）～45岁和45（含）～55岁的农场主占76.68%，成为了中间力量，65岁及以上的农场主只占1.86%（附图1-10）。可以看出农场主的年龄相较于我国农业劳动力，呈现出年轻化的趋势。

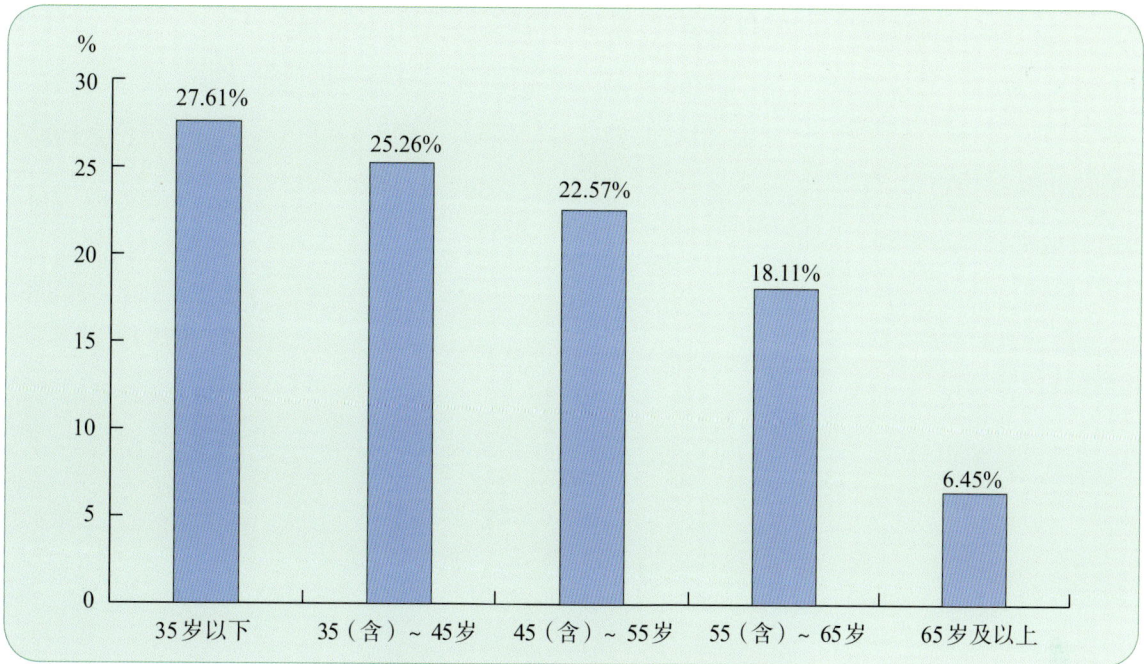

附图1-9　我国农业就业人口年龄分布

数据来源：中国2010年人口普查。

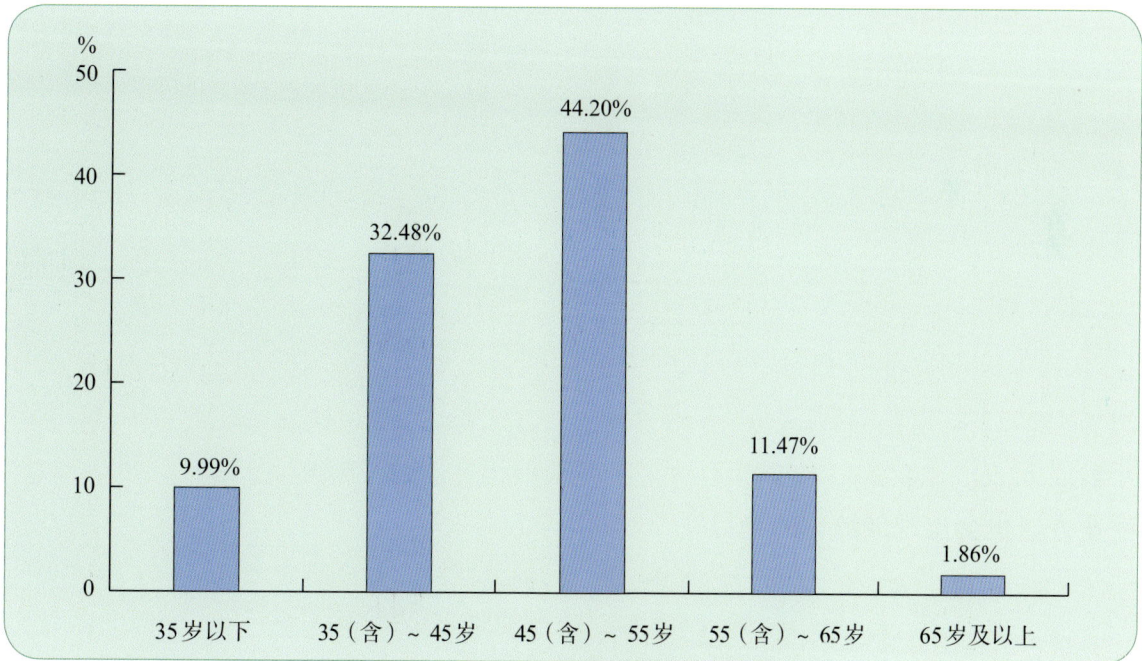

附图1-10　2014年监测家庭农场主年龄分布

数据来源：全国家庭农场典型监测。

3.经营规模

2014年全国农村经营管理统计资料数据显示（附图1-11），经营耕地10亩以下的农户数占了绝大部分，占比达到86.11%，10（含）～30亩的农户数占比为10.48%，

30（含）～50亩的农户数占比为2.31%，50（含）～100亩、100（含）～200亩以及200亩及以上的占比分别只有0.78%、0.22%和0.10%，占比都不超过1%，非常的低。

而在2014年监测的家庭农场数据中，农场经营规模为50亩以下的只占6.81%，50（含）～100亩的占12.06%，100（含）～200亩的占30.02%，200（含）～500亩的占30.99%，500（含）～1 000亩的占12.66%，1 000亩及以上的占7.46%（附图1-12）。根据《中国统计年鉴 2015》整理，全国平均每个农业劳动力承担的作物播种面积仅为10.89亩，而监测的家庭农场平均经营土地面积334.17亩。可以看出，家庭农场的经营规模远大于传统农户的经营规模。

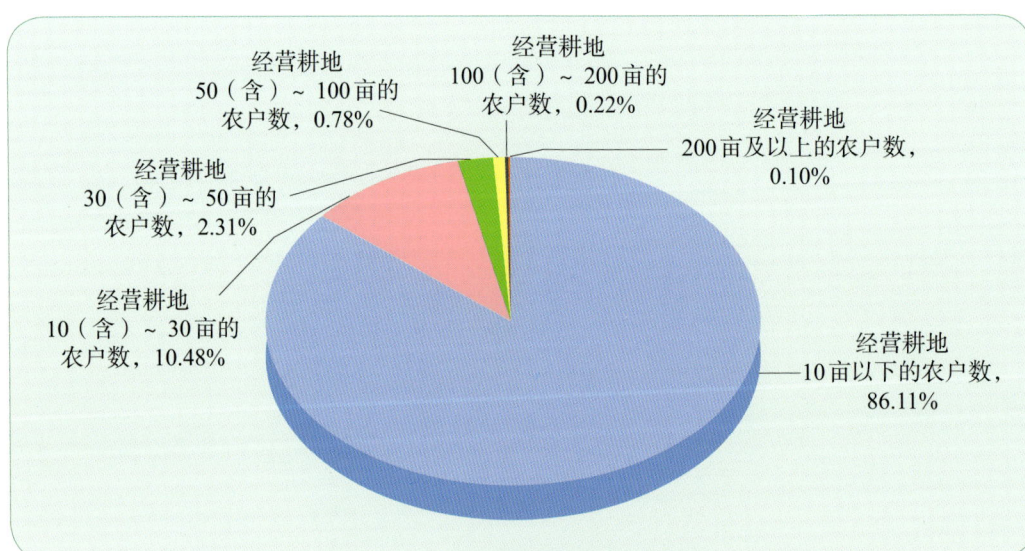

附图1-11 全国规模经营农户分布

数据来源：2014年全国农村经营管理统计资料。

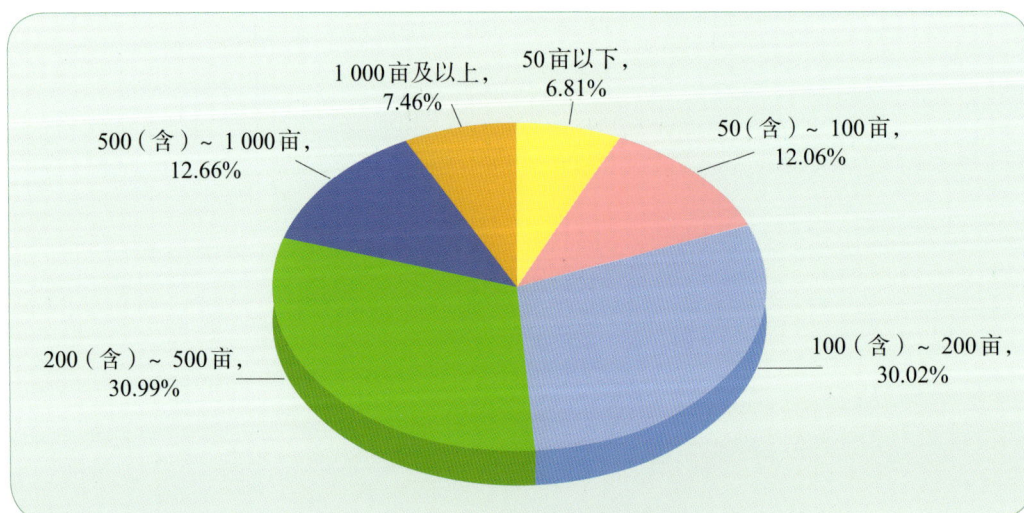

附图1-12 2014年监测家庭农场规模分布

数据来源：全国家庭农场典型监测。

4.其他方面

通过2014年的家庭农场监测数据分析，家庭农场与传统农户相比，还存在着一些其他特征。一是农场主的资本投入更多。例如，农机投入更高，监测数据显示，随着家庭农场经营规模的扩大，自有农机的家庭农场比例快速提高。10亩以下的家庭农场自有农机比例只有37.72%，而10（含）～50亩的比例为75.19%，50（含）～100亩的比例为84.97%，150（含）～200亩的比例为88.74%，200（含）～500亩的比例为92.77%，1 000亩及以上的比例达到96%以上，超过3 000亩的比例更是高达100%。同时，随着经营规模的扩大，家庭农场拥有的农机数量也增加，而且单台农机平均价值更大。二是农场主需要支付较高的土地流转费用。家庭农场相对于传统农户，绝大部分都需要流转土地进行经营，因此也需要承担较高的土地流转租金。从监测数据看，2014年家庭农场流转土地平均租金约为501元/亩，主要为300元以上，土地平均租金为300（含）～400元的家庭农场占10.57%，400（含）～500元的占10.14%，500（含）～1 000元的占36.27%，1 000元及以上的占9.06%。三是农场主的借贷需求更强烈。由于家庭农场的规模比传统农户大，对资金就有更大的需求，监测数据显示2014年有46.38%的家庭农场有贷款或外债，有借款的家庭农场平均借贷规模为47.09万元。同时，随着经营规模的扩大，借贷规模也同时增加，借款主要用于农业生产基础设施建设、购买种子化肥等生产资料、购买机械设备、土地流转费、人员工资费用、购买幼崽种苗等。四是家庭农场的收入更高。由于农业的规模经营要比传统农户更容易实现规模经济，家庭农场的收入也比传统农户要高很多。监测数据显示，2014年家庭农场平均纯收入为18.65万元，平均每个自有劳动力的年纯收入为59 784元，高于2014年外出农民工人均年收入（3.44万元），也高于2014年城镇单位就业人员年平均工资，更高于2014年城镇私营单位就业人员年平均工资。五是家庭农场主面临的问题更多。随着经营规模的扩大，经营投入、风险以及困难都在扩大。监测数据显示，当问及农场主在生产经营中面临的主要问题时，有超过35%的农场主选择了基础设施落后、贷款难、缺乏劳动力、销售难、土地流转难、保险不健全。其中，认为生产性基础设施落后的农场主占比最高，为54.98%，其次是认为贷款难的农场主，占比49.33%。

（二）农场主特征的年际变化

全国家庭农场典型监测已经有2014年与2015年两年的数据，2014年监测了3 092个家庭农场，2015年监测了3 073个家庭农场。其中，2015年新增农场399个，2014年和2015年都填写且农场主名字未发生变化的有2 634个，2014年和2015年都填写但农场主名字发生变化的有40个。经过数据处理后，2014年监测的有效样本为

2 826个，2015年监测的有效样本为2 903个。

1.农场主自身特征比较

两年的监测数据表明：第一，农场主呈年轻化趋势。2014年农场主平均年龄为46岁，2015年农场主的平均年龄为45.77岁，在多数农场主增加一岁的基础上，2015年的农场主平均年龄仍略有下降。第二，农场主受教育程度逐步提高。2014年农场主受教育程度达到初中及以上的比例为93.77%，2015年该比例为93.91%；2014年拥有高中、中专、职高及以上学历的农场主占近45%，2015年该比例上升到48.3%；2014年大专及以上学历的农场主占10.02%，2015年该比例上升到11.23%。较高文化水平的农场主比例都有小幅度提升。第三，本村户籍的农场主比例略有增加。2014年本村户籍的农场主占81.78%，2015年该比例为83.64%。第四，农场主接受培训的比例增加。2014年接受过培训的农场主占79.67%，2015年该比例上升至82.6%。

2.农场主经营农场特征比较

从两年的监测数据对比分析来看，农场主经营的家庭农场特征也存在着一些变化趋势。第一，家庭劳动力与常年雇工增加。2014年家庭农场平均拥有3.44个家庭劳动力，平均常年雇佣劳动力2.63个，2015年家庭农场平均拥有3.68个家庭劳动力，平均常年雇佣劳动力2.92个。第二，家庭农场经营规模逐步扩大。2014年，家庭农场平均经营规模为334.17亩（劳均55亩），其中，种植业家庭农场的平均规模为367.53亩，粮食类家庭农场的平均规模为428.8亩；2015年家庭农场平均经营规模为373.69亩（劳均56.71亩），其中，种植业家庭农场的平均规模为428.94亩，粮食类家庭农场的平均规模为471.17亩。第三，土地流转租金趋于稳定。2014年家庭农场的土地流转平均租金为501.01元/亩，2015年土地流转的平均租金为509.26元/亩，变化不大，趋于稳定。第四，农业机械化投入水平提高。2014年家庭农场平均拥有农机具4.69台套，平均拥有农机具价值17.09万元；2015年家庭农场平均拥有农机具5.72台套，平均拥有农机具价值22.72万元。农机数量与农机价值都有一定程度的提高。第五，家庭农场收入提高。2014年家庭农场的平均总收入为76.23万元，平均总成本为57.58万元，平均净收入达到18.65万元；2015年家庭农场的平均总收入为100.42万元，平均总成本为74.54万元，平均净收入达到24.88万元。第五，家庭农场参加保险增加。2014年有46%的家庭农场有保险费支出，平均每户家庭农场支出保费4 250.09元，获得保险理赔的占19.99%；2015年有51.71%的家庭农场有保险费支出，平均每户家庭农场支出保费7 100元，获得保险理赔的占49.67%。

五、面临的问题与对策建议

（一）农场主及其家庭农场面临的主要问题

在实践中，家庭农场仍是新生事物，发展初期的阶段性问题较为突出。通过对家庭农场监测数据的分析，在家庭农场经营者发展家庭农场中集中表现出以下几方面的问题。

1.内部管理机制有待健全

家庭农场普遍存在内部管理制度不明、岗位职责不清、标准化生产管理制度缺失、土地流转合同不够完善、规范的雇工管理和财务管理制度缺乏、品牌及示范创建意识不足等问题，严重制约了家庭农场的发展壮大。虽然家庭农场成员都是近亲，但也要有明确岗位分工，并落实责任，才能有利于管理。同时，在生产过程中，大部分家庭农场还未能按照国家有关生态和当地环境保护、农产品质量安全等要求，结合自身行业特点，建立规范的管理制度，实施标准化生产制度，组织有序的生产经营活动。农业投入品的管理和使用随意性较大，未能实现严格控制。生产基地稳定性不够，个别农场主甚至一年一变。家庭农场大多还未能建立独立健全的财务会计制度，农场生产经营收支很难与家庭其他收支分开，不能准确核算。同时，家庭农场未能建立雇工管理制度，基本不会签订规范的劳务合同，未能建立从业人员花名册和雇工管理台账及用工登记簿，并在工商、劳动等部门登记备案等。

2.专业经营管理人才缺乏

家庭农场绝大多数发源于传统的承包农户，文化水平总体较低，缺乏技术水平高、经营管理能力强的人才资源。调研中有地方农业部门和家庭农场主反映，当前农业从业人员普遍为留守人员，大多受教育程度不高，对现代经营理念和先进生产手段的学习接受能力较弱，难以满足家庭农场扩张规模、提质升级、拓展市场的人才需求。而聘请的专业技术人员和从事营销的大中专毕业生普遍成本较高，且很难招到合适的人才。而家庭农场主对市场经营意识不足，大多还处于生产环节，没有向产业链两端延伸，对电商营销手段掌握程度低，产品销售基本上是一家一户单打独斗，缺乏类似台湾"产销班"的专业组织，发展壮大缓慢。

3.农业基础设施较为薄弱

家庭农场主普遍反映，基础设施差是个大问题。旱田改水田可以提高效益，但每公顷的改造成本就要2万元；建一个100吨的烘干塔，要50万～60万元，远远超出了家庭农场的承受能力。调研中发现，农业基础设施薄弱，物质装备水平低，抗灾减灾能力不强，仍然是当前制约农业发展的"老大难"问题，并且已经由农业生产环节转向产前、产后环节，集中体现为家庭农场缺少集中育秧、粮食晾晒、烘干仓储等基础设施设备，且由于投入较大，家庭农场主一般很难承受。

4.农业社会化服务不足

家庭农场主普遍反映，相对于其他规模经营主体，家庭农场的主要优势是能够在种养环节降低管理成本、提高生产效率。而在面对市场进行农资购买、农产品销售等交易时，家庭农场必须依托合作社、专业协会等社会化服务组织，才能获得较高的市场交易地位，降低市场交易成本。而当前我国的基层农技服务力量相对较弱，对家庭农场缺乏专业技术指导。农业社会化服务体系发展不充分，家庭农场在专业生产中迫切需要的农机、植保、购销等服务供给不足，成为制约其发展壮大的重要因素。亟须在政府扶持和市场引导双重推动下，大力兴办农机、植保专业服务组织、产销服务企业、农产品电商服务队伍等形式多样的农业社会化服务组织，引导他们围绕优势产业和特色产品，为家庭农场提供专业服务。

5.政策扶持有待加强

调研中发现，土地流转成本不断增加，流转合同规范难，土地托管和入股缺乏规范性指导文件，束缚家庭农场做强。家庭农场的涉农建设项目、财政补贴、税收优惠、金融信贷、农业保险、设施用地、经营用电等相关扶持政策还不足，还需进一步加强资金及政策扶持。家庭农场主普遍建议，应建立相关部门联动机制，集中解决家庭农场发展中遇到的困难和问题，共同推进家庭农场健康发展。如应对家庭农场购置的农业设施和农业机械等给予资金补助扶持；家庭农场应优先享受各级政府和农业技术部门提供的科技入户指导、补贴培训、农机作业、有机肥及新农药推广使用、农业新品种推广等服务；扩大贴息贷款的规模和范围，保障家庭农场的资金需求；将规模经营的水果、蔬菜、食用菌，生猪、鸡、鸭、鹅等畜禽，以及种子生产、大型农机具、渔业等纳入农业政策性保险补贴覆盖范围，提高补贴比例，提高家庭农场抗御自然灾害风险的能力。

（二）对策建议

推进我国家庭农场健康发展，还需进一步在基础设施、人才培养、管理服务、农业投入、金融保险、机制创新等方面给予支持，提升家庭农场的竞争力，促使其更好地发挥在农业供给侧结构性改革和现代农业建设中的引领作用。

1.加强基础设施建设

多数农业基础设施为公共产品或准公共产品，需要政府加大投入力度加以改善。在农业基础设施项目上加大投入和扶持力度，包括在农业综合开发、土地整理、高标准农田建设、中低产田改造、农田水利设施建设等项目安排上，要向家庭农场倾斜，特别是在基本农田上实施灌溉排水、土壤改良、道路整治、机耕道、电力配套等工程建设，使其具备规模生产条件。鼓励有条件的地方整合商品粮基地、高标准农田建设、农业综合开发、土地整理、农田水利等项目资金，按照农业发展规划建设连片成方、旱涝保收的优质农田，优先流转给示范性家庭农场。

2.完善人才培育机制

加大人才培养和引进力度，为家庭农场稳定持续发展提供人才支撑，推进家庭农场稳定持续发展，其核心竞争力是有文化、懂技术、会经营的新型农民。第一，加大对家庭农场主的培训力度，尽快对农场主进行全面轮训，在职业农民培训和"阳光工程"转型过程中，将农场主作为培训重点，制定农场主中长期培训计划，积极构建多元化、多层次、全过程的农场主教育培训体系。重点从生产技能、经营管理、农业科技和市场营销等适应现代农业发展要求和符合市场需求的方面设置培训课程。建立家庭农场主职业教育制度，逐步培养一大批有文化、懂技术、善经营、会管理的家庭农场经营者。第二，建立人才引进机制，积极鼓励和引导大中专毕业生、返乡农民工、大学生"村官"转变就业观念，到农村从事规模化农业经营，发展成为家庭农场经营者，改善家庭农场经营者文化结构。第三，完善政府对家庭农场培育的支持政策。把家庭农场经营者作为新型职业农民培育的重点对象，实行家庭农场教育培训经费政府买单，调动社会各方面的积极性，发挥现有各类培训资源作用，构建政府扶助、面向市场、多元化的职业农民培育体系。农业院校应开放专业，重点培养既懂经营管理、又懂技术的家庭农场经营人才。

3.加大财政扶持力度

优化财政支农方式，加大财政扶持力度，将家庭农场作为新增财政支农补贴重点投入方向。按照中央1号文件关于"新增农业补贴向粮食等重要农产品、新型农业经营主体、主产区倾斜"的要求，探索逐步扩大家庭农场的财政资金扶持规模，调整农业补贴的投向和结构，切实增强补贴政策的导向作用。加大对粮食生产家庭农场的补贴力度，将良种补贴、农资综合补贴和农机具购置补贴的增量主要用于补贴规模化粮食生产的家庭农场，采取以实物换补贴的方式，探索向粮食家庭农场免费供应良种、优价农资；设立适度规模家庭农场专项补贴资金，按照土地经营规模，重点对经营规模适度的家庭农场给予土地流转费用补贴；设立家庭农场扶持项目，加大扶持资金规模，支持家庭农场基础设施改造和重点环节建设，重点支持家庭农场烘干、冷藏、物流、农机购置等重点环节，培育各类示范型家庭农场；发挥财政资金引导作用，设立财政出资的农业担保公司，为家庭农场融资贷款提供担保。

4.创新金融保险制度

第一，创新家庭农场金融制度。以农信社等农村金融机构为主体，鼓励引导农发行、农业银行，并推动村镇银行、农村小额贷款公司等新型农村金融机构，共同对家庭农场提供金融支持。按照普惠金融的要求，推动各地开展家庭农场信用评定，支持金融机构为家庭农场提供授信服务，对资信记录好的家庭农场要积极发放信用贷款；根据家庭农场的生产经营特点，通过引进、嫁接、拓展等渠道实现金融产品创新，支持家庭农场利用大型农机具、农村居民房屋产权、林权、土地承包经营权、大棚等农业设施以及畜禽产品抵押贷款，并根据农业生产周期、实际贷款用途、综合投入产出等因素，合理确定家庭农场利率浮动水平、合理匹配贷款期限。第二，完善农业保险政策，扩大农业保险范围，增加险种，适当提高保费补贴比例，增强家庭农场抗风险能力。增设财政支持的政策性农业保险品种，扩大政策性农业保险覆盖面，创新开发家庭农场专属的"基本险＋附加险"的保险产品，并给予保费补贴；开展农产品价格保险试点，探索自然灾害保险与价格保险相结合的综合性保险业务，为家庭农场建立风险防范制度；通过财政补贴、减免相关税收等方式引导、鼓励商业性保险机构开展农业保险业务，吸引更多的家庭农场参与到农业保险中来，扩大种植业、养殖业、畜牧业和林业等保险保障范围和覆盖区域。

5.健全社会化服务体系

强化公共服务组织建设，大力扶持经营性服务组织发展，以专业农户为主要服务对象，以家庭农场等新型农业经营主体为重点扶持对象，通过机制创新、主体培育、领域拓展和区域协调，促进农业社会化服务全面快速发展。加快构建以公共服务机构为依托、合作经济组织为基础、龙头企业为骨干、其他社会力量为补充、公益性服务和经营性服务相结合、专项服务和综合服务相协调的新型农业社会化服务体系。采取政府订购、定向委托、奖励补助、招投标等方式，引导经营性组织参与公益性服务，大力开展农技推广、农机作业、抗旱排涝、统防统治、产品营销、农资配送、信息提供等各项生产性服务，满足家庭农场对社会化服务的需求。积极引导和扶持家庭农场组建家庭农场协会和农民合作社，为家庭农场提供产前、产中、产后服务，使其成为家庭农场连接市场的纽带。大力培育农业产业化龙头企业，为家庭农场提供良种、农机、植保，以及农产品加工、储运、销售等一体化服务。强化农业社会化服务体系对家庭农场的支持力度，实现农业信息、科技、农产品检测、植保、农机、农资农药、农产品营销会展、农业保险、农业气象预警、农业金融十大农业社会化服务平台对家庭农场服务的全覆盖，重点推进农机和谷物烘干服务网点建设，以满足家庭农场对于专业化服务的需求。

附录二　2016年农民合作社带头人发展研究报告

为深入了解农民合作社带头人培养现状，总结实践做法，分析存在的问题，提出加快合作社带头人培养的相关政策建议，课题组赴北京、河北等8个省（直辖市）的14个县（区、市）26个合作社开展了实地调研，依托5期国家农民合作社示范社带头人培训班组织召开了7次座谈会，与培养合作社带头人的高等院校、社会培训机构负责人进行了深入交流，收集了大量文献资料和统计数据，并在此基础上进行统计分析形成了农民合作社带头人发展研究报告。

一、农民合作社带头人现状分析

根据商务印书馆《现代汉语词典》第5版的解释，"带头"是指首先行动起来带动别人。据此，带头人可以认为是首先行动起来带动别人的人。合作社带头人主要是指在合作社中居于领导地位，组织和带领成员发展生产经营，对合作社的建立发展起到带动作用的人。在合作社带头人概念的外延中，既包括合作社理事长，也包括其他具体负责合作社经营活动的人。由于目前大多数合作社理事长实际负责合作社的日常经营管理，本研究主要关注合作社的理事长。通过分析国家农民合作社示范社统计监测系统数据和典型抽样调查数据发现[①]，我国农民合作社带头人在人口统计学特征、生产经营情况等方面的特点值得关注。

（一）农民合作社带头人人口统计学特征

1.合作社理事长以男性为主

由于农业劳动的重体力等辛劳特征，再加上乡村农耕女织的传统分工，所以合作社理事长比较典型地表现出了男性多于女性的状态。从附图2-1可以看出，合作社为男性理事长的共计2 830家，占到了3 277家样本合作社的86.4%，是女性理事长数量的6.3倍。

[①]　资料来源：国家农民合作社示范社统计监测系统，共有3 277家国家农民合作社示范社样本，数据年份为2014年度。

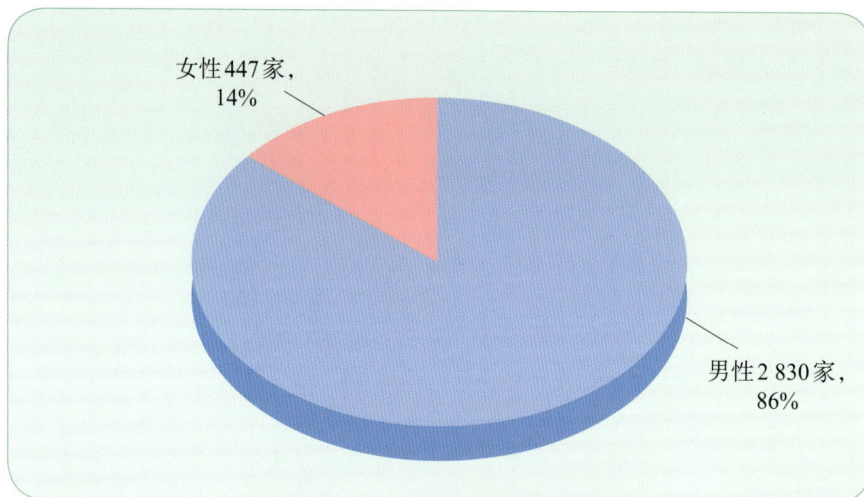

附图2-1 合作社理事长性别情况

2.合作社理事长以中年人为主

由于城镇化和工业化的持续深入推进，越来越多的青壮年劳动力进入到城镇和非农产业，这种状况对国家合作社示范社的带头人构成一定影响。样本合作社理事长的平均年龄为49.5岁。从附图2-2可以看出，理事长年龄分布最多的区间为40～49岁，其次为50～59岁，两者合计占比76.3%。而从附表2-1可以看出，随着理事长年龄的不断增大，男性的占比越来越高，并且在统计学上显著（Pearson和Spearman相关系数都在0.01水平上显著，下同）。综合而言，合作社理事长呈现以中年男性为主的特征，但在40岁以下的青年一代中，男女之间占比差距正在变小。这说明年轻的女性正在逐步加入到合作社理事长的队伍中，扮演着越来越重要的角色。

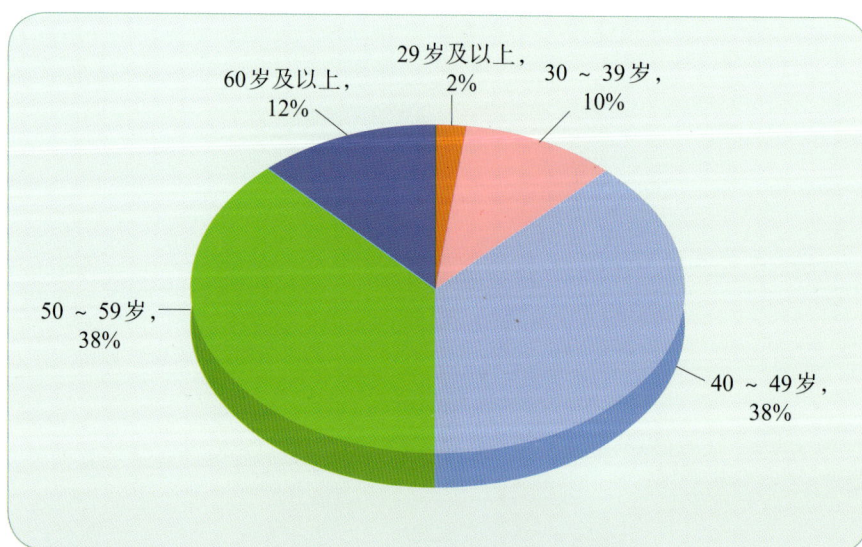

附图2-2 理事长年龄分布情况

附表2-1　理事长性别和年龄分布交叉分析表

性别	统计	理事长年龄区间					合计
		29岁及以下	30～39岁	40～49岁	50～59岁	60岁及以上	
男性	人数（人）	46	256	1 062	1 109	357	2 830
	占比（%）	1.4	7.8	32.4	33.8	10.9	86.4
女性	人数（人）	18	66	192	135	36	447
	占比（%）	0.5	2.0	5.9	4.1	1.1	13.6
合计	人数（人）	64	322	1 254	1 244	393	3 277
	占比（%）	2.0	9.8	38.3	38.0	12.0	100.0

3. 合作社理事长以高中学历为主

传统印象中，农民的受教育程度普遍偏低，但通过样本分析可以发现，理事长的受教育程度并不低。样本合作社理事长的平均受教育程度为高中（中专）水平[①]。从附图2-3可以看出，理事长学历最普遍的是高中（中专），占比为42.4%；其次为大专，占比为32.5%，两者合计为74.9%。从附表2-2可以看出，年轻一代的合作社理事长受教育程度要明显高于中老年一代，这种代际间的受教育程度差异具有统计学上的显著性。

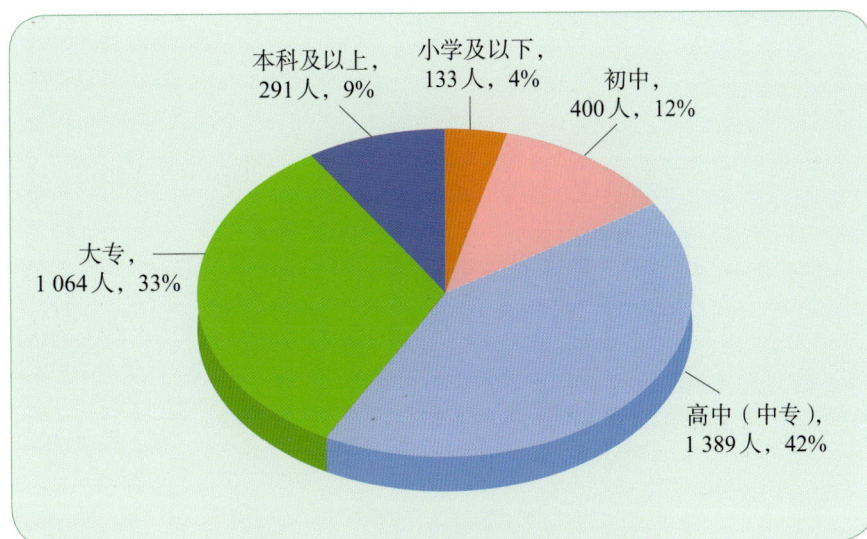

附图2-3　理事长受教育程度分布情况

---

① 统计均值为3.3。其中，初中赋值为2，高中赋值为3，大专赋值为4。

附表2-2 理事长年龄区间和受教育程度交叉分析表

单位：人

年龄区间	受教育程度					合计
	小学及以下	初中	高中	大专	本科及以上	
29岁及以下	3	2	21	25	13	64
30～39岁	7	27	91	138	59	322
40～49岁	44	146	497	442	125	1 254
50～59岁	51	148	595	376	74	1 244
60岁及以上	28	77	185	83	20	393
合计	133	400	1 389	1 064	291	3 277

4.合作社理事长近半数为中共党员

村干部、各类农村带头人往往为中共党员，这些党员在带领农民发家致富方面发挥了示范带动作用。合作社理事长也呈现出这种特点。从附图2-4可以看出，近半的合作社理事长是中共党员，远高于中共党员占全体中国公民的比重。同时，从附表2-3可以看出，男性中的党员占比要明显高于女性中的党员占比，这种男女之间的党员身份差异具有统计学上的显著性。从附表2-4可以看出，随着理事长受教育程度的提高，党员身份占比也在不断提升，这种受教育程度之间的党员身份差异也具有统计学上的显著性。

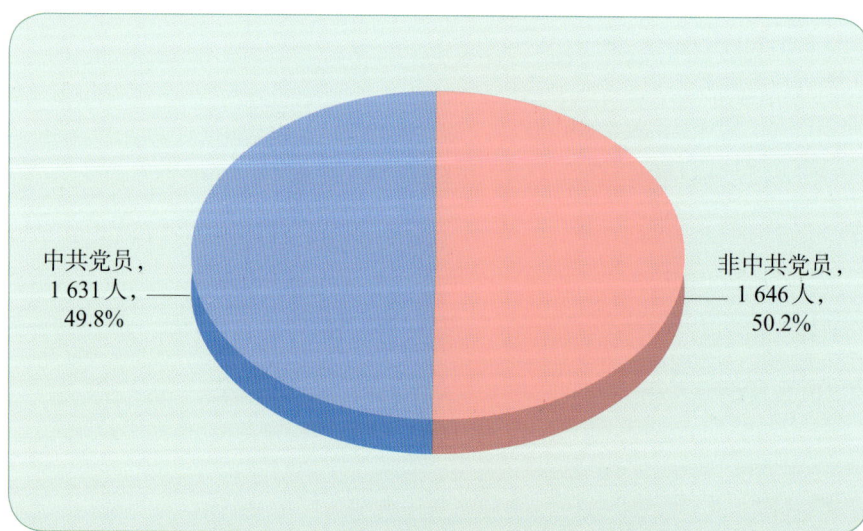

附图2-4 合作社理事长中共党员身份情况

附表2-3　中共党员和理事长性别交叉分析表

党员身份情况	统　计	理事长性别		合　计
		男性	女性	
非中共党员	人数（人）	1 328	318	1 646
	占比（%）	40.5	9.7	50.2
中共党员	人数（人）	1 502	129	1 631
	占比（%）	45.8	3.9	49.8
合　计	人数（人）	2 830	447	3 277
	占比（%）	86.4	13.6	100.0

附表2-4　中共党员和受教育程度交叉分析表

党员身份情况	统　计	受教育程度					合计
		小学及以下	初中	高中	大专	本科及以上	
非中共党员	人数（人）	101	244	725	445	131	1 646
	占比（%）	3.1	7.4	22.1	13.6	4.0	50.2
中共党员	人数（人）	32	156	664	619	160	1 631
	占比（%）	1.0	4.8	20.3	18.9	4.9	49.8
合计	人数（人）	133	400	1 389	1 064	291	3 277
	占比（%）	4.1	12.2	42.4	32.5	8.9	100.0

5. 合作社理、监事长身份构成具有一定多样性

合作社最典型的带头人是理事长和监事长，这些合作社带头人主要是农民身份，其中部分农民担任了村干部，还有不少人来自于企事业单位群体。从附图2-5理事长的身份特征可以看出，普通农民身份占比最大，为71.7%，然后依次为企业人员（8.2%）、其他（如大学生"村官"等，占比为7.8%）、村干部（7.4%）等。从附图2-6监事长的身份特征可以看出，普通农民身份占比最大，高达86.4%，然后依次为企业人员（4.1%）、村干部（3.8%）、其他（2.9%）等。由此可见，理事长、监事长主体仍然是农民，但也有不少村干部、企事业单位人员等参与其中，合作社带头人的身份具有一定程度的多样性。

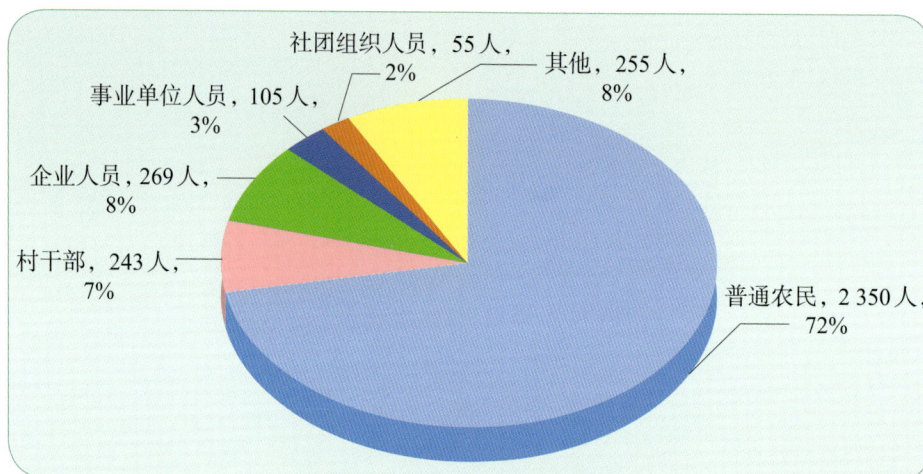

附图2-5　合作社理事长身份特征

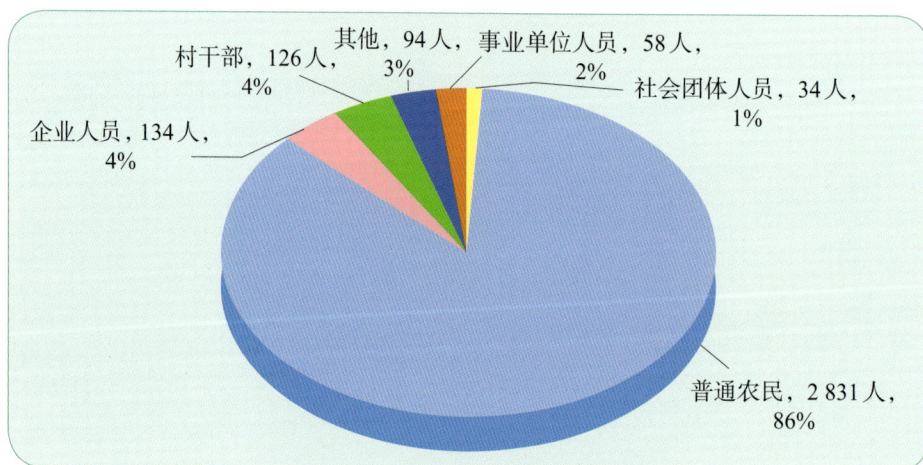

附图2-6　合作社监事长身份特征

6.合作社带头人获得了一定社会兼职和荣誉

国家级农民合作社示范社由于在当地农村社区具有较好的经济与社会影响，特别是带领农民增收致富效果相对显著，因此，这些示范社带头人往往能够被选举为县级以上的党代表、人大代表或政协代表。同时，这些带头人也因此有机会获得省级以上的劳动模范、"三八红旗手"或"青年五四奖章"等荣誉称号。从样本合作社可以看出，每个示范社平均有0.32人/次担任县级以上中国共产党代表大会代表，有0.38人/次担任县级以上人大代表，有0.27人/次担任县级以上政协委员，三者合计0.97人/次。也就是说，每个示范社有约1人/次在党和政府组织里面参政议政，为合作社和农民发声。同时，通过对样本合作社的分析可以看出，每个示范社有0.15人/次获得省级以上劳动模范荣誉称号，有0.06人/次获得省级以上巾帼标兵（"三八红旗手"）荣誉称号，两者合计0.21人/次。这说明，合作社理事长比较获得政府和社会认可。此外，需要补充的是，根据《中国农民合作社》杂志编辑部的不完全统计，目前共有21位在任的全国人大或全国政协代表，还有14位中共十八大代表是农民合作社带头人，这些全国两会代表和中共十八大代表的存在，有利于代表合作社和农民群体向中共中央、国务院提出意见或建议，有利于促进农民合作社的发展，有利于促进"三农"问题的解决。

（二）农民合作社带头人生产经营情况

1.合作社理事长出资占有一定比例

理事长对合作社的投入很重要的一方面就是资本投入。通过对样本合作社的分析发现，示范社理事长的平均出资额为173.3万元，占到了合作社成员出资总额的33.1%。从附图2-7可以看出，合作社理事长出资额最多的区间为5万～24.99万元，占样本合作社比例达到21.0%。

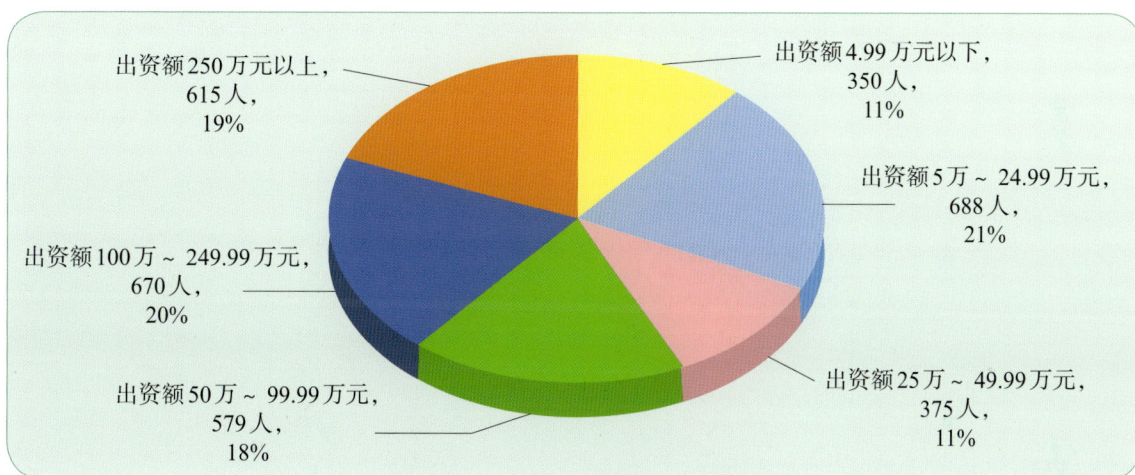

附图2-7   合作社理事长出资情况

从附图2-8则可以看出，合作社理事长出资占比最大的区间实际上也为5%～24.99%，占样本合作社比例达到33.8%。

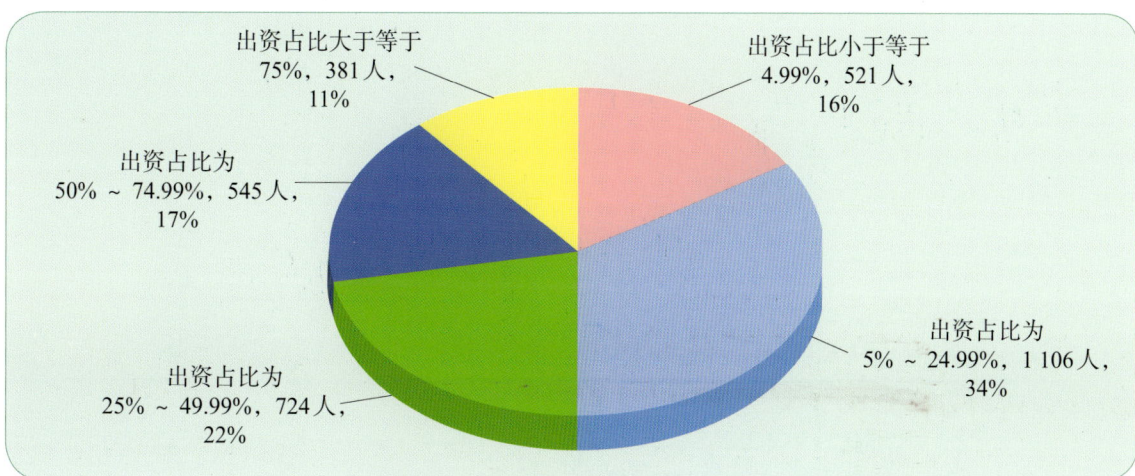

附图2-8   合作社理事长出资占比情况

从附表2-5则可以看出，无论是粮油等非果蔬类种植业、果蔬类种植业、养殖业、渔业、林业还是服务业，理事长出资占比最大的区间也是5% ~ 24.99%，其次为25% ~ 49.99%。由此可见，示范社理事长并不是独占合作社出资额，也不是不愿出资，其出资比例总体上比较体现公平和效率之间的折中。

附表2-5　合作社产业类型与理事长出资额占比情况交叉分析表

单位：人

合作社产业类型	理事长占成员出资总额比例情况					合计
	≤4.99%	5% ~ 24.99%	25% ~ 49.99%	50% ~ 74.99%	≥75%	
粮油类种植业	191	397	267	208	154	1 217
果蔬类种植业	164	331	179	148	98	920
养殖业	99	234	188	133	89	743
渔业	23	50	24	16	9	122
林业	20	34	23	12	14	103
服务业	24	60	43	28	17	172
合计	521	1 106	724	545	381	3 277

2.合作社理事长交售额也占有一定数额

理事长对合作社的投入除了股金，还有一个很重要的来源就是农产品的交售。通过对313家合作社培训班学员的调查发现[1]，理事长的农产品交售额占合作社统一销售农产品总额的平均比例为17.8%。

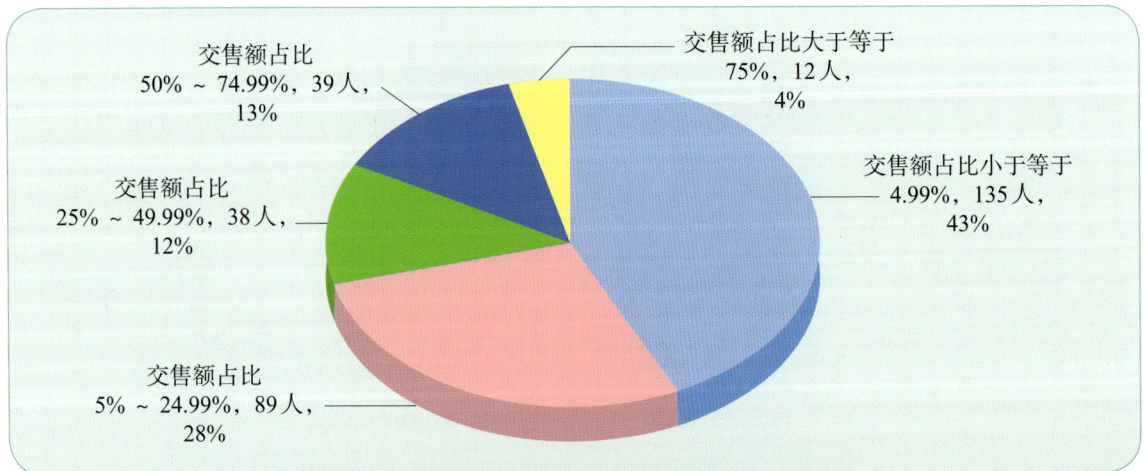

附图2-9　合作社理事长农产品交售额占比情况

---

① 典型调查合作社所填报的生产信息等数据年份为2014年度。

通过附图2-9可以进一步看出，理事长的交售额占比并不大，有43.1%的理事长交售额占比没有达到5%，另外有28.4%的理事长的交售额占比在5%～24.99%。对比理事长的出资额占比和交售额占比情况，可以看出两者之间的比例差距为15.3个百分点，合作社理事长更加具有合作社资本参与者的特征。

二、农民合作社带头人功能定位和能力要求

（一）农民合作社带头人功能定位

带头人是合作社发起成立的首要动力，是合作社发展壮大的坚强支柱，也是合作社规范运行的基本依靠。

带头人是合作社发起成立的首要动力。从现有合作社的发起历程看，由能人发起成立的情况最为普遍。大量普通农户，特别是低收入农户创新意识、市场意识、风险意识不足，很难担负起组织发起合作社的职责，需要一些能人来进行组织发动。

带头人是合作社发展壮大的坚强支柱。从调研的合作社看，凡是发展势头比较好、经济实力比较强的合作社，都有一个强有力的带头人。合作社具有鲜明的经济属性，这决定了合作社需要通过市场竞争实现生存与发展。特别需要带头人发挥自身的技术、资金、管理，以及熟悉市场等方面的优势，并通过有效的组织管理，把成员组织在一起，发挥出"1+1>2"的效果，扩大产品规模，提高合作社整体的市场竞争力。

带头人是合作社规范运行的基本依靠。专业合作社的根本宗旨是为成员服务，核心要求是实行民主管理。合作社的规范运行，就是指合作社的运行能够体现合作社的本质要求。《农民专业合作社法》仅仅是对合作社的运行进行了示范性、引导性的规定，把合作社具体运作都交给了章程规定。据统计，《农民专业合作社法》一共提到章程41次，留给了合作社广阔的自治空间。在合作社议定章程、实际运行的过程中，带头人作为其中的主导力量，占有强势地位，也拥有更多话语权。可以认为，合作社规不规范，主要就在于带头人。

（二）农民合作社带头人能力要求

国内学者在中小型农业企业经营者胜任力分析研究中认为，一个优秀的中小型农业企业经营者需具备以下特征：一是个人特质。包括主动性、诚信、政治修养、个人成熟、成就导向和自我控制等。二是人际特征。包括团队协作、服务意识、培养他人、领导能力等。三是任职能力。包括市场应变能力、关注质量和秩序、基层沟通能力和技术专长。四是管理技能。包括战略决策能力、组织协调能力、规划与

控制能力和改革创新能力等。合作社和公司等其他企业法人一样，也具备中小型农业企业的组织特征，基于此，我们将合作社带头人能力特征进一步细化为规范化管理能力、协调外部关系能力、市场开拓能力、行业发展把控能力、与农民成员沟通能力、农业生产技术水平、创新能力和融资能力。同时，根据问卷调查，我们又补充了政策法规把握能力、农产品质量安全生产管理能力。在此基础上，综合归纳出合作社带头人应具备的10项能力特征，如附表2-6所示。

附表2-6　合作社带头人能力特征表

序号	能力特征
1	规范化管理能力
2	协调外部关系能力
3	市场开拓能力
4	行业发展把控能力
5	与农民成员沟通能力
6	农业生产技术水平
7	创新能力
8	融资能力
9	政策法规掌握能力
10	农产品质量安全生产管理能力

三、农民合作社带头人发展需求

为厘清农民合作社带头人的发展需求，课题组依托国家农民合作社示范社培训班开展问卷调查和专题座谈等，对合作社带头人群体的现状特征和不同层次的需求进行了全面调查，在此基础上深入分析了合作社带头人的发展需求。

（一）合作社带头人群体基本特征

本部分结论主要通过问卷调查结果分析得出。此次共发放问卷150份，其中有效问卷115份。问卷分析数据显示：当前合作社带头人群体总体呈现出年轻化、男性化、精英化和兼职化等特点。在115名被调查合作社带头人中，95名为男性。66.95%的带头人年龄集中在36～50岁之间，这一年龄段的理事长年富力强，正值创业时期。高中和大学文化水平分别达到36.52%和43.48%，高中以上文化水平的理事长占80%，相对来说一般属于农村的能人，具有较高的文化素质。115名合作社理事长中有87名任有其他职务，占总数的75.65%，其中12人担任村支书或村长，20人为企业老板，7人是协会负责人，8人为政府基层单位工作人员，可以说是农村的精英。由于个人素质、过往经历、占有资源各不相同，带头人群体组成结构呈现多元化特点，对能力提升的需求也存在一定差异。

（二）合作社带头人素质能力特征分析

分析合作社带头人需要具备的素质和能力，是厘清合作社带头人发展需求的基础。结合文献综述和问卷调查结果，我们综合归纳出10项合作社带头人应具备的能力。

美国著名心理学家麦克利兰于1973年提出了冰山模型（附图2-10），将人员个体素质的不同表现划分为表面的"冰山以上部分"和深藏的"冰山以下部分"。其中，"冰山以上部分"包括基本知识、基本技能，是外在表现，是容易了解与测量的部分，相对而言也比较容易通过培训来改变和发展。而"冰山以下部分"包括社会角色、自我形象、特质和动机，是人内在的、难以测量的部分，不太容易通过外界的影响改变。根据冰山模型理论，人的社会角色、自我形象、特质和动机等难以通过后天培养而改变特性，知识和技能等则容易通过后天培养进行提升。因此，对合作社带头人的培养重点应主要针对能力的提升。

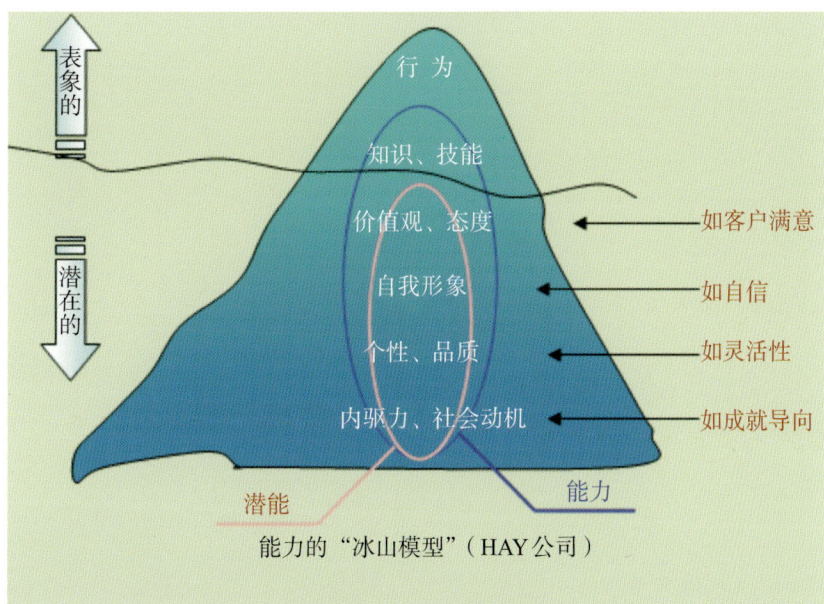

附图2-10　冰山模型

（三）合作社带头人发展需求分析

为分析不同合作社带头人群体的需求特征，课题组通过召开座谈会的方式，请带头人参照附表2-6中的能力特征选项，将目前亟须提升的能力按照紧迫性打分（1～10分），分数越高，表示对该项能力提升的需求越强。结果表明，"融资能力""行业发展把控能力"和"政策法规掌握能力"是合作社带头人目前迫切需要提升建设的三项能力。

访谈中合作社带头人普遍反映，作为合作社发展的引领者，带头人的融资能力直接影响合作社的融资能力，从某种程度来说，带头人的融资能力甚至等同于合作社的融资能力，合作社从事的产业、经济实力、是否规范等对合作社带头人的融资行为都有直接影响。同时，带头人的行业发展把控能力直接影响合作社的经营效益和发展走向，这将直接影响农民选择加入合作社的意向，从而也影响了合作社的发展壮大能力和示范带动能力。此外，合作社发展越来越受到各级政府的关注和支持，几乎各级政府都有针对合作社出台扶持政策或项目支持。调查也发现，发展较好的合作社几乎都有政府支持的经历或背景，其带头人对合作社相关政策和法规有较强的理解和把握。因此，政策法规掌握能力对于合作社带头人能力建设来说也成为一项关键内容。

同时，不同群体对所需要提高的能力也有各自的特点和需求，具体结果如下：

专业大户对提升规范化管理能力需求较高。从附表2-7中可以看出：在三项共同需求能力之外，规范化管理能力为专业大户亟须提升能力之首。专业大户拥有一定规模的产业基础，在农业生产管理方面具有天然优势，容易带动散户形成生产集聚，因此也容易发起建立合作社，成为合作社带头人。但与其他主体相比较，专业大户缺乏组织管理经验，对合作社相关法规政策了解渠道较少，更需要加强合作社组织管理方面的能力建设。

村干部对提升生产技术知识水平需求较高。相较于其他群体，村干部在农村社会中威望较高，更容易引导普通村民的行为；村干部代表村集体与外界打交道的机会较多，社会资源较为丰富；村干部积累了丰富的组织管理经验，组织协调能力较强。因此，村干部在规范化管理能力方面的需求较专业大户和农技人员更弱，而在农产品质量安全生产管理能力、农业生产技术水平等方面的能力提升需求较其他主体更为强烈。

附表2-7　合作社带头人能力提升需求评分表

单位：分

群体能力特征	专业大户平均分	村干部平均分	企业主平均分	农技人员平均分	总得分
融资能力	9.8	9.9	9.7	9.8	39.2
行业发展把控能力	8.6	9.7	9.0	9.4	36.7
政策法规掌握能力	9.3	8.1	9.5	9.1	36
规范化管理能力	9.0	8.5	9.2	9.1	35.8
协调外部关系能力	8.1	6.2	7.1	9.3	30.7
农产品质量安全生产管理能力	6.3	8.5	8.3	7.2	30.3
与农民成员沟通能力	7.5	6.1	8.0	6.5	28.1
市场开拓能力	6.1	8.2	5.1	8.4	27.8
创新能力	7.1	6.5	7.2	6.2	27
农业生产技术水平	5.6	8.2	6.4	5.3	25.5

企业主对提升规范化管理能力和成员沟通能力需求较高。与其他主体相比，企业主具备经济资本和市场优势，更了解企业运作模式和市场变化趋势。企业带动的合作社，往往在资金和市场方面比其他主体带动成立的合作社具有更多竞争优势，企业主本身对市场开拓等能力提升的需求相较于其他主体也更弱。企业主更加关心国家相关政策法规的出台和实施情况，外部环境是影响企业发展的一个重要因素，也是企业主自身难以掌控的因素。因此，相较于其他主体，企业主更加关注外部环境的变化。此外，企业主与农民的联系不如其他主体紧密，对提高与农民成员沟通协调能力的需求更加旺盛。

农技人员对提升市场营销能力需求较高。农技人员自身具备技术优势，容易在生产环节影响和带动散户，尤其是通过建立示范基地、提供技术指导、推广优良品种等方式，组织农户开展规模生产。但与其他主体相比较，农技人员由于缺乏对市场的了解，缺少组织经营管理的经验，因此对市场开拓和协调外部能力等方面的需求更为强烈。

（四）合作社带头人发展需求供给路径分析

调查问卷和访谈结果显示，目前合作社带头人满足个人能力提升需求的方式主要是以短期培训为主、学历教育为辅，路径主要有三种：参与政府公益性服务项目、参加高等院校学历提升课程、参加其他社会组织开展的培训。

政府公益性服务项目主要包括财政项目支持、建立培训基地和建设辅导员队伍等方式，为合作社带头人能力建设提供环境和平台。项目支持方面，"阳光工程""农村实用人才培训"项目都将合作社理事长纳入到培养范围内。农民专业合作组织建设项目规定资金的5%必须用于开展合作社人才培训。培训基地建设方面，2011年，农业部认定了农业部管理干部学院农民专业合作社发展中心等196家合作社人才实训基地，并研究制定《农业部农民专业合作社人才培养实训基地管理暂行办法》，搭建起合作社人才培养的广阔平台。除农业部认定的基地之外，各地根据发展实践，也探索建立了一些合作社人才培养基地，如陕西省设立合作社培训学院，指导市、县设立培训中心，在百强社设立实训基地，组织开展合作社带头人学习交流活动。此外，农业部还通过建立辅导员队伍培养合作社人才。2011年，农业部出台《农民专业合作社辅导员工作规程》，明确了合作社辅导员的任职条件、职责和管理办法等，其中为合作社提供培训服务是辅导员职责中重要内容。

高等院校学历提升课程主要包括：青岛农业大学建立全国首个合作社学院，面向在校学生和社会人员招生，培养合作社专业人才；浙江农林大学开设农民专业合作社理事长大专班，为合作社带头人提供学历提升渠道；北京市农业职业学院开设农民专业合作社成人高等教育学历班（大专），首批招录了96名农民合作社带头人学员，用两年半时间学完"农村合作社建设与管理"等15门课程，参加高等教育自学考试通过后，获得合作社专业大专毕业证书。

其他社会组织开展的培训包括：联合国粮农组织农发基金项目开展的以促进农民合作组织发展为主要内容的项目工作，其中，每年举办合作社带头人培训是项目工作的重要内容之一；德国GIZ在华项目主要内容就是合作社带头人培训，项目专门编写了系列教材，聘请国内合作社专家为培训教师，为合作社带头人提供培训服务；中国与加拿大合作的"小农户适应全球市场发展"项目，共组织培训包括农民合作社带头人在内的1万多名农民，在项目实施地区协助当地农民成立了数十家农民专业合作组织。此外，一些企业也加入了合作社培训的行列，不定期举办合作社主题短期培训项目。

（五）合作社带头人发展需求与供给存在的问题

在以上分析基础上，通过座谈访谈发现，当前合作社带头人的发展需求与供给之间存在一定程度的不适配问题，主要表现在：

供给途径单一，"一主多元"尚未形成。目前合作社带头人满足自身能力提升需求的方式主要以参与政府公益性服务项目部门为主，其他社会主体的作用发挥有限。高等院校开展的合作社人才能力提升的项目较少，没有形成有规律的培养方式和路径；面向合作社带头人的学历教育起步晚、周期长、规模小，在短期内难以满足合作社带头人培养需求。社会机构开展的培训往往随意性比较大，有的甚至完全以营利为目的，培训质量难以保证。

供给结构分散，资源整合还不到位。为带头人提供能力提升服务的主体之间还处在各自为政的局面，尚未形成合理结构。现有的带头人培养工作多局限于中央、省、市政府层级，县级特别是乡镇一级的合作社带头人培养工作开展不够，难以满足合作社一线的基层需求。公益性服务资源较为分散，财政专项资金缺乏，"撒胡椒面"的现象比较普遍，制约了带头人通过政府服务实现能力提升目标的实现。

专业研究薄弱，研究空白亟须补充。当前国内以合作社带头人为研究对象的人才研究十分匮乏，散见于农业农村实用人才、中小企业人才等各类研究中，研究成果少，借鉴性差，难以推广适用。对于合作社带头人的成长规律、能力要求、培养方式等缺乏系统分析和认识，难以支撑带头人队伍建设的持续健康发展。

顶层设计缺位，系统规划尚未出台。能力提升是合作社发展需求的核心内容，对合作社带头人有针对性地开展培养工作是一项长期、系统的工程，制订专门的培养规划是推进合作社带头人队伍建设、满足合作社带头人发展需求的实际需要。当前只有面向农业农村人才的一个总体规划，针对合作社带头人群体的子规划尚未制定出台，中央和地方相衔接、产业和地域相配套的规划体系还没有形成，对合作社的带头人培养还缺乏顶层设计。

四、政策建议

从上述分析可知，当前农民合作社带头人发展的突出问题在于能力提升需求与供给间存在不适配问题，解决这一难题亦需开展"供给侧"改革，因此提出以下政策建议：

加强农民合作社带头人培训。建议加大对农民合作社理事长、经营管理人员、财会人员和普通成员的培训力度，通过提高全体成员的综合能力达到提升合作社整体发展水平的目标，进而满足合作社带头人的发展需求。依托现代农业人才支撑计划、新型职业农民培育工程、合作社人才培养计划等培训项目，扩大合作社人才的培训规模。制定专门优惠政策，采取引进来与送出去相结合的办法，吸引高校毕业生或有丰富经验的企业管理和业务人员到合作社工作，为提升合作社及其带头人能力提供强有力的人才支撑。根据合作社发展需要，支持合作社聘用职业经理人，增强合作社发展能力。

构建农民合作社带头人培养体系。加强合作社带头人培养顶层设计，突出人才培养的基础性、全局性和长远性，分区域、分产业、分类型深入分析未来5～10年带头人培养需求、培养目标、重点任务、保障措施等；鼓励各地根据当地合作社发展总体水平、产业分布特点等，因地制宜制定本级培养规划。健全人才培养体系，充分发挥政府、专业机构、高等院校、企业等相关主体的不同功能，明确合作社人才培养的主要方式和渠道，实现多种资源的有效整合和高效利用，构建和完善合作社人才培养的科学体系。研究制定合作社管理人员职业教育大纲，为各地各级开展合作社带头人培养提供规范要求和制度依据。

加大农民合作社带头人政策支持力度。尽快设立合作社带头人培养专项资金，稳步加大财政扶持力度，加大合作社人才培养实训基地建设投入，支持基地购置更新培训设施设备，创新性地开展带头人培养工作。为合作社引进人才提供补贴支持，在保险津贴、档案保管、工龄认定等方面提供衔接政策，解决高级人才在合作社就业的后顾之忧。加大财政资金和项目扶持力度，推动金融机构加大对合作社的信贷支持力度，不断提升合作社竞争力，为满足合作社带头人发展需求打下扎实基础。严格落实农民合作社现有的税收优惠政策。研究制定针对合作社的特殊税收优惠政策，扩大营业税优惠范围，完善所得税、增值税减免政策。

增强针对农民合作社带头人的指导服务。建议各地要加强合作社辅导员队伍建设，充分发挥农经人员熟悉业务，了解农村，联系群众的优势，依托农业部门建立市、县、乡（镇）多层级指导服务体系，配备专（兼）职辅导员，加强业务培训，努力造就一支熟悉政策法规、精通业务知识、热爱合作事业、工作作风扎实的辅导员队伍，并提供必要的经费保障。支持辅导员对合作社开展面对面、心贴心的指导服务，切实解决合作社在规章制定、经营管理、市场开拓、产销对接等方面遇到的困难和问题，为合作社发展提供智力支持。

附录三 2016年农村实用人才队伍建设发展报告

农村实用人才是指具有一定的知识或技能，为农村经济、科技、教育、卫生和文化等各项社会事业发展提供服务、做出贡献、起到示范或带动作用的农村劳动者。他们常年活跃在广大农村，被形象地称为"土专家""田秀才""能工巧匠"等，具有地域性、流动性、复合性等特点。农村实用人才是广大农民的优秀代表，是发展现代农业、建设社会主义新农村的骨干力量，是国家人才队伍的重要组成部分。按照从业领域的不同，农村实用人才可以分为生产型、经营型、技能服务型、社会服务型和技能带动型五种类型。

一、农村实用人才队伍建设发展历程

自2003年全国人才工作会议首次提出"农村实用人才"概念以来，农村实用人才队伍建设已经走过14个年头，大体可以划分为三个发展阶段。

（一）探索实践阶段（2003—2006年）

2003年12月，新中国成立以来第一次全国人才工作会议在北京召开，首次正式提出了"农村实用人才"概念，在随后中央下发的《关于进一步加强人才工作的决定》文件中，明确提出要大力加强农村实用人才队伍建设，开启了农村实用人才队伍建设的新篇章。

为推进农村劳动力向非农产业和城镇转移，2004年农业部、财政部等6部门启动实施了农村劳动力转移培训阳光工程，主要在粮食主产区、劳动力输出地区、贫困地区和革命老区开展职业技能培训和引导性培训，提高农村劳动力素质和就业技能，促进农村富余劳动力向非农产业和城镇转移，实现稳定就业和增加收入。政府对接受培训的农民给予一定标准的补贴和资助，2006年国家用于农村劳动力转移培训阳光工程的补助资金达到6亿元。

为提升农民学历层次，2005年11月，农业部印发《关于实施农村实用人才培养"百万中专生计划"的意见》，计划利用10年时间，为农村培养100万名具有中专学历的从事种植、养殖、加工等生产活动的人才，以及农村经营管理能人、能工巧匠、乡村科技人员等实用型人才。2006年6月正式启动"百万中专生计划"。

为培养长于经营、精于管理、勇于创业和具有带领群众致富热情和能力的带头人，推进社会主义新农村建设，中组部和农业部联合实施了农村基层组织负责人培训计划。2006年9月，江苏省华西村、黑龙江省兴十四村被确定为首批农业部农村实用人才培训基地，并分别承办了两期新农村建设示范联系村负责人培训班，标志着农村实用人才带头人示范培训工作正式启动。

为提高务农农民生产技能，促进科学种田，2006年9月，农业部、财政部正式启动实施"新型农民科技培训工程"，在全国选择1万个村，按照每村1万元标准给予培训补助，对务农农民开展农业生产技能及相关知识培训，促进农业生产发展，增加农民收入。

为培养和补充农村实用人才，优化农村实用人才队伍素质结构，2005年6月，中共中央办公厅、国务院办公厅下发了《关于引导和鼓励高校毕业生面向基层就业的意见》，提出实施"三支一扶"计划（2005年）和"大学生'村官'"计划（2006年），即招募高校毕业生到乡镇开展支教、支农、支医和扶贫工作。同时，选聘高校毕业生通过法定程序安排担任村党支部、村委会的相应职务，并给予适当的生活补贴。

这一阶段的主要特点是中央对加强农村实用人才队伍建设提出了明确要求，组织实施了一系列工程计划，在提高务农农民科技素质和促进农村劳动力转移就业两方面同时发力，在立足当地培养人才和引进人才两方面都出台了具体的政策措施，开展了卓有成效的探索和实践，积累了丰富的工作经验。

（二）规范发展阶段（2007—2011年）

2007年11月，中共中央办公厅、国务院办公厅专门印发了《关于加强农村实用人才队伍建设和农村人力资源开发的意见》，对农村实用人才队伍建设进行了全面部署，制定了系列规范，提出了明确要求，指明了发展方向，是农村实用人才队伍建设中具有里程碑意义的文件。

为引导农村实用人才创业兴业、发挥作用，2008年5月，农业部办公厅印发《关于开展农村实用人才创业培训试点工作的通知》，决定在全国11个省（直辖市）开展农村实用人才创业培训试点，培训创业农民1万名。通过创业培训，让学员树立创业理念、增强创业意识、掌握创业技巧、提高创业能力，促进学员提高经营水平、扩大经营规模、领办经济合作组织、创办农业企业。

为适应现代农业发展需要，提高务农农民技能水平，2009年农业部、财政部将农村劳动力转移培训阳光工程更名为农村劳动力培训阳光工程，由转移培训转为务农农民培训，重点面向农业产前、产中、产后服务和农村社会管理领域从业人员开展短期技能培训，加快培育专业化的现代农业产业劳动者队伍。

为加强农村实用人才队伍建设规划引领，2010年6月，中共中央、国务院印发了《国家中长期人才发展规划纲要（2010—2020年）》，将农村实用人才作为人才工作的重要内容和农村经济社会发展的第一资源，提出今后10年农村实用人才队伍建设的发展目标和具体措施。2011年3月，中组部、农业部等五部门联合下发《农村实用人才和农业科技人才队伍建设中长期规划（2010—2020年）》。作为国家人才规划的配套规划，对今后10年农村实用人才队伍建设做了进一步部署。

为提升大学生"村官"的素质能力，2011年11月，中组部、农业部在北京韩村河基地联合举办全国大学生"村官"培训班，这是两部门首次联合举办农村实用人才带头人和大学生"村官"示范培训班，标志着示范培训进入了资源整合、优势互补、合力推进的新阶段，受到广大农村实用人才和大学生"村官"的普遍欢迎。

为加强组织领导和规范管理，到2011年底，全国有27个省份建立了农业农村人才工作机制，22个省份召开了农业农村人才工作会议，25个省份编制了农业农村人才队伍建设规划，25个省份设立了农业农村人才队伍建设专门项目。2009年8月，农业部办公厅还印发了《农村实用人才带头人培训管理办法（试行）》，对培训基地管理、培训工作组织、经费设备档案管理、检查评估等做出明确规定。在创业培训中，要求试点省份建立培训学员信息管理系统、资金使用和管理制度、项目合同管理制度和创业培训绩效评价考核制度。

这一阶段的主要特点是加强了组织领导，强化了规划引导和规范管理，推动了阳光工程的培训转型，突出了农村范围、农业领域和务农农民培训，突出了农村实用人才带头人、大学生"村官"等重点人群培训，回归到农村实用人才队伍建设的出发点和落脚点。

（三）转型升级阶段（2012年至今）

2012年中央1号文件首次提出大力培育新型职业农民，农村实用人才培养工作进入以新型职业农民为主体的新阶段。

在新型职业农民培育方面，2012年8月，农业部办公厅印发《新型职业农民培育试点工作方案》，在全国100个县启动新型职业农民培育试点工作，以提高农民综合素质、专业技能和生产经营水平为核心，探索构建教育培训、认定管理、政策扶持三位一体培育制度，力争通过3年试点，培育新型职业农民10万人。2013年5月，农业部办公厅印发《关于新型职业农民培育试点工作的指导意见》，对教育培训、认定管理和政策扶持等提出了具体要求。2013年7月，农业部印发《关于加强农业广播电视学校建设加快构建新型职业农民教育培训体系的意见》，提出构建完善"一主多元"的新型职业农民教育培训体系。2014年3月，教育部、农业部联合印发《中等职业学校新型职业农民培养方案试行》，对中等职业学校培养新型职业农民做出具体规定。2014年7月，农业部、财政部将农村劳动力培训阳光工程再次转型升级为新型职业农民培育工程，要求在全国遴选2个示范省（覆盖不少于1/2的农业县）、14个示范市（覆盖不少于2/3的农业县）和300个示范县，重点开展生产经营型职业农民培育。

在农村实用人才带头人培训方面，2013年4月中组部办公厅、农业部办公厅联合印发《关于下达2013年农村实用人才带头人示范培训计划的通知》，标志着中组部、农业部联合开展农村实用人才带头人和大学生"村官"示范培训的工作机制正式建立。2014年4月，农业部办公厅印发《农村实用人才带头人示范培训考核管理办法》，对培训考核内容、考核办法、考核等次、结果应用等做出明确规定。

在农村实用人才认定方面，2013年7月，农业部办公厅印发《农村实用人才认定试点工作方案》，在11个省36个县启动农村实用人才认定试点工作。2014年5月，农业部办公厅印发《关于开展2014年农村实用人才认定试点工作的通知》，将试点范围扩大到13个省的299个县，其中4省整建制推进。2015年6月，农业部印发《关于统筹开展新型职业农民和农村实用人才认定工作的通知》，全面推进以新型职业农民为主体的农村实用人才认定管理。

在农村实用人才表彰宣传方面，2012年4月，在先正达科教基金支持下，农业部启动实施"全国杰出农村实用人才"资助项目；2012年7月，在华西仁宝基金支持下，农业部启动实施"百名农业科教兴村杰出带头人"资助项目；2014年10月，在中华农业科教基金会的支持下，农业部启动实施"全国十佳农民"资助项目，印发了《"全国十佳农民"资助项目遴选办法》，2015年2月在北京举行了首届"全国十佳农民"揭晓仪式。

2016年中央1号文件进一步提出"加快培育新型职业农民"，要求将职业农民培育纳入国家教育培训发展规划，基本形成职业农民教育培训体系，把职业农民培养成建设现代农业的主导力量。2016年3月，中共中央印发《关于深化人才发展体制机制改革的意见》，再次强调要健全以职业农民为主体的农村实用人才培养机制。

这一阶段的主要特点是适应农业供给侧结构性改革和农业现代化发展需要，进一步突出了新型职业农民在农村实用人才队伍中的主体地位，进一步强化了农业部门在新型职业农民培育中的主要职责，并从教育培训、认定管理、表彰宣传等方面出台了一系列政策措施，促进了新型职业农民队伍建设健康发展。

二、农村实用人才队伍建设现状分析

（一）农村实用人才总量、结构及分布状况

截至2015年底，全国农村实用人才总量为1 692.3万人，比2010年增加643.7万人、增长61.4%。农村实用人才占农村人口的比重为2.8%、占农村劳动力的比重为4.6%，分别比2010年提高1.2和2.1个百分点。平均每个行政村拥有农村实用人才约29.1人，比2010年增加11.5人。从性别看，女性占23.0%，男性占77%。从受教育程度看，大专及以上学历占5.3%，高中占25.8%，初中占57.1%，小学及未上过学的占11.8%。从年龄看，35岁及以下占17.1%，36～50岁占56.2%，51岁及以上占24.8%。从类型看，生产型占36.4%，经营型占20.6%，技能服务型占18.1%，技能带动型占14.9%，社会服务型占9.9%。从区域分布看，东部地区占46.9%，中部地区占26.3%，西部地区占26.8%。

（二）农村实用人才队伍变化特点

同2010年相比，2015年农村实用人才队伍有以下变化特点。

一是农村实用人才队伍整体素质有了进一步提升。2015年农村实用人才中高中及以上学历占31.1%，比2010年提高5.1个百分点，特别是大专及以上学历占5.3%（附图3-1），说明农村大学生返乡创业人数和农村实用人才自身素质都在不断提高。据对2015年全国培育的1.3万名青年农场主统计，其中大专及以上学历占34.7%。

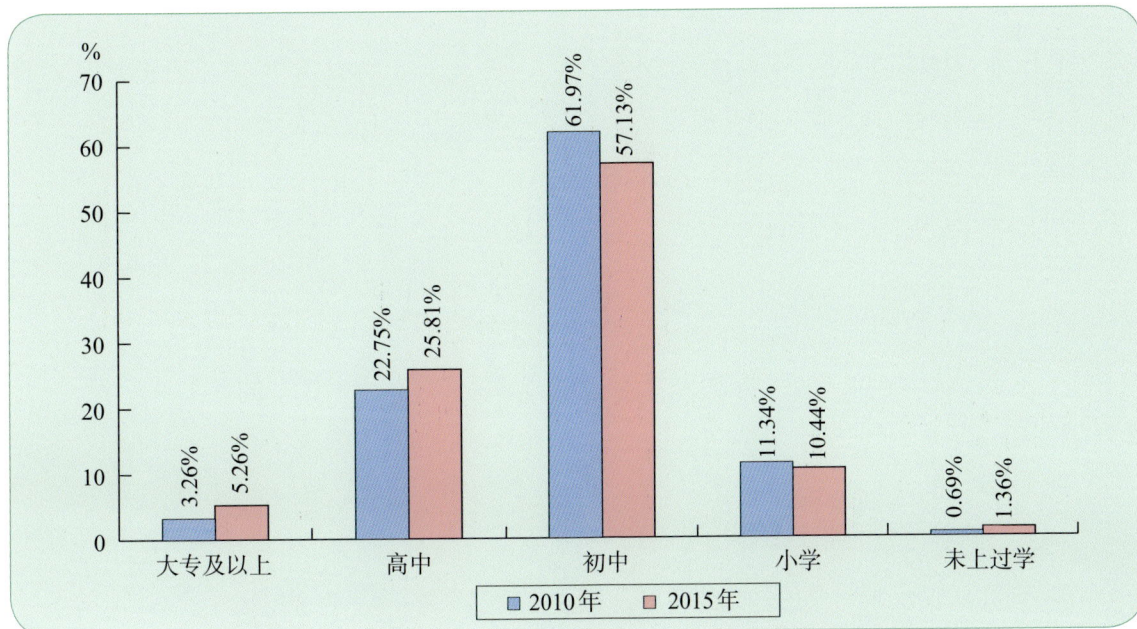

附图3-1　2010年、2015年农村实用人才受教育程度结构对比

二是农村实用人才队伍整体年龄有不断加大趋势。2015年农村实用人才队伍中，40岁及以下的占33.3%，比2010年降低3.7个百分点；50岁以上的占24.8%，比2010年提高2.1个百分点（附图3-2）。

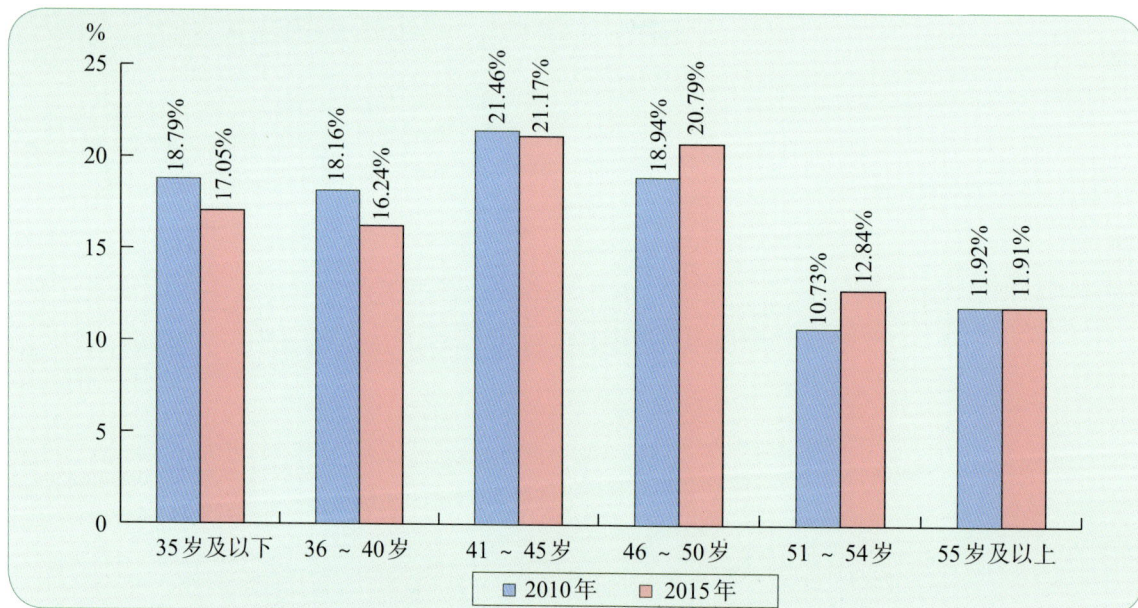

附图3-2　2010年、2015年农村实用人才年龄结构对比

三是农村实用人才的类型结构更加合理。2015年农村实用人才队伍中，生产型人才占36.4%，较2010年下降2个百分点，农村实用人才过于集中在生产领域的状况继续改善；经营型人才占20.6%，较2010年下降9.7个百分点；技能服务型人才占18.1%，较2010年提高8.3个百分点；技能带动型人才占14.9%，较2010年提高1个百分点；社会服务型人才占9.9%，较2010年提高2.3个百分点（附图3-3）。

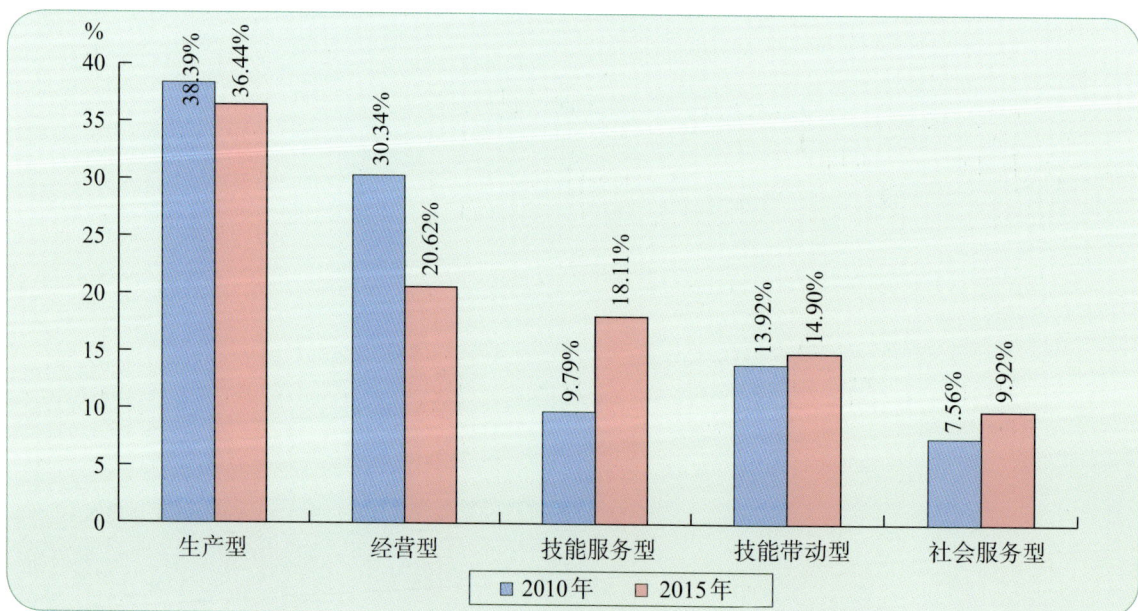

附图3-3　2010年、2015年农村实用人才类型结构对比

四是农村实用人才继续向东部沿海和发达地区集聚。按照每万名农村人口拥有农村实用人才数量计算，2015年东部地区为397.8人，较2010年增长118.3%；中部地区为216.1人，较2010年增长56.3%；西部地区为238.4人，较2010年增长53.5%（附图3-4）。东部地区在农村实用人才的成长速度和吸引力方面继续保持较大领先优势。

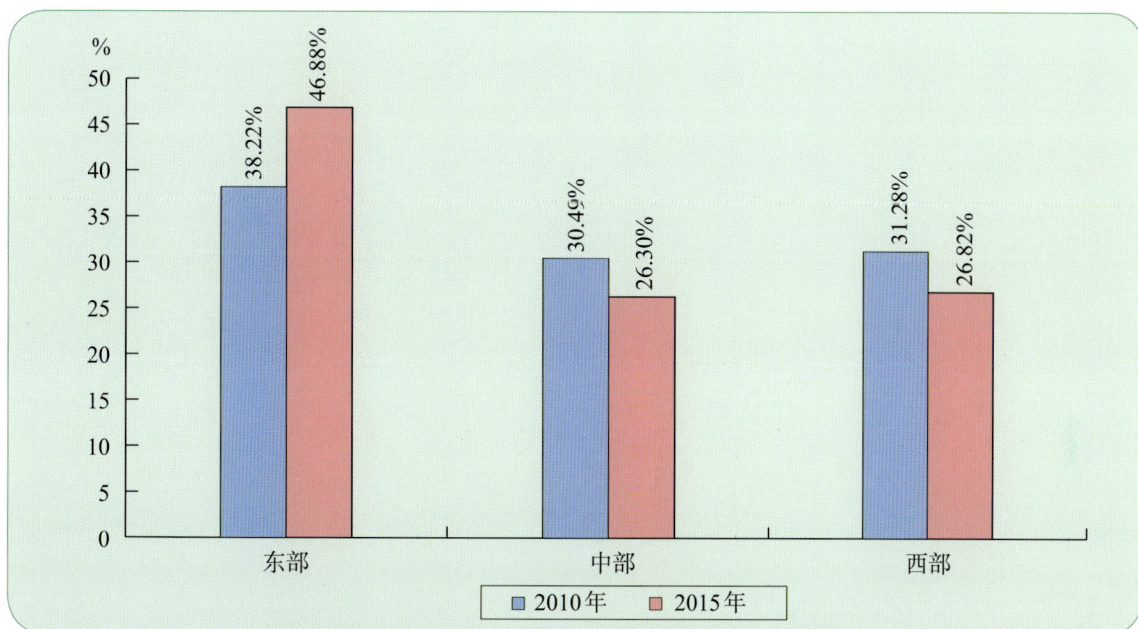

附图3-4 2010年、2015年农村实用人才区域结构对比

（三）当前农村实用人才队伍存在的主要问题

一是高层次农村实用人才依然奇缺。2015年农村实用人才队伍中农民技术员、助理技师、技师和高级技师合计占9.5%，较2010年下降0.5个百分点，还有90.5%的实用人才没有或者未评定职称（附图3-5）。一方面说明农民技术职称评定工作难

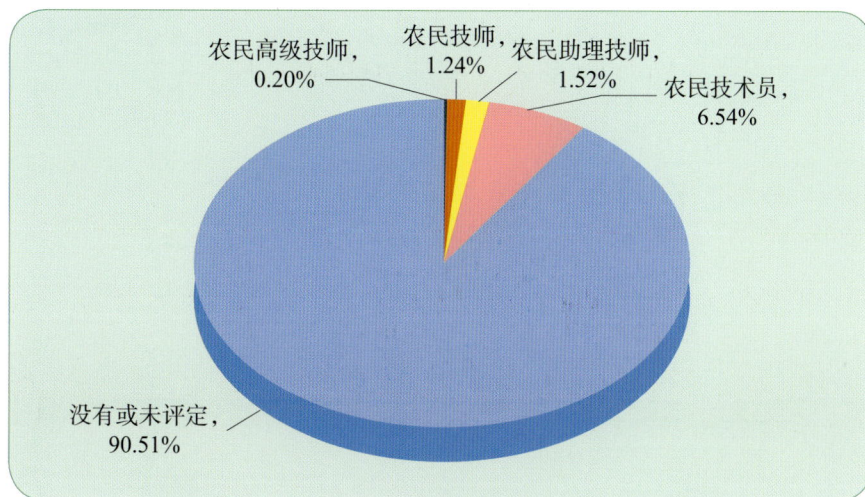

附图3-5 2015年农村实用人才技术职称评定情况

以适应新形势发展需要，另一方面也反映出多数实用人才缺乏较高层次学历教育和系统培训，接受和运用新知识、新技术的能力不强，思想观念落后，市场意识淡薄，干事创业能力不足。

二是复合型实用人才比例偏低。单一的生产型或经营型人才占主体，大多数实用人才局限于单一领域，具有一定技术和经营管理能力的专业性人才和具有创业兴业能力的复合型人才严重不足，具有市场开拓能力、能够辐射带动农民创业兴业的高素质人才更是凤毛麟角。

三是政府在农村实用人才培养中的主渠道作用不够明显。据调查，在农村实用人才成长中，自学成才的占全国农村实用人才总数的48.5%；通过农业技术推广、农业广播电视学校和农业职业学校等渠道培养的占17.7%；通过代际和师承培养的占12.9%；通过其他渠道培养的占20.9%（附图3-6）。

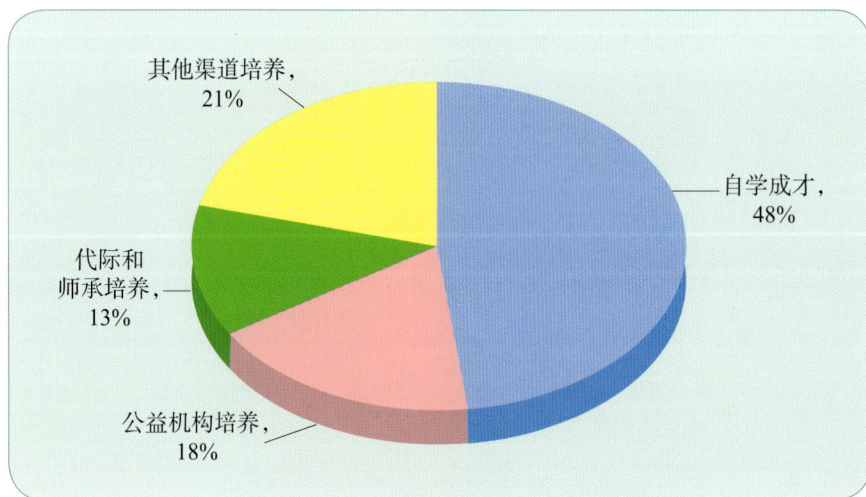

附图3-6　全国农村实用人才培养渠道

四是农村实用人才流失严重。随着城乡一体化继续深入推进、农村新产业新业态不断发育、分工分业不断细化、新型经营主体加速培育，在市场机制作用和利益驱动下，加速了农村实用人才在城乡、区域、产业和类型之间的不断流动和角色转换，导致农村实用人才队伍不稳，向非农领域流失较多。

三、农村实用人才队伍建设的主要做法、基本经验及存在问题

近年来，各级农业部门认真贯彻落实国家中长期人才规划纲要，把农村实用人才队伍建设摆在突出位置，加强组织领导，创新培养模式，完善评价机制，强化政策扶持，不断推动农村实用人才队伍建设取得新成效，为现代农业发展和新农村建

设提供了有力的人才支撑。

（一）主要做法

1.健全工作体系，强化顶层设计

农业部内专门成立农业农村人才工作领导小组，由农业部部长任组长，相关部领导及各司局、部属有关单位主要负责人为成员，负责研究协调农村实用人才队伍建设重大问题。农业部每年召开全国农业农村人才工作会议，印发工作要点，对农村实用人才工作进行专题部署。农业部还会同有关部委制定了《农村实用人才和农业科技人才队伍建设中长期规划（2010—2020年）》《现代农业人才支撑计划实施方案》，印发了《全国农民教育培训"十二五"发展规划》《农村实用人才认定试点工作方案》《农村实用人才带头人示范培训考核管理办法》等文件，加强规划引导，强化政策创设，搭建平台载体，做好管理服务，推动农村实用人才工作规范有序开展。

各地也按要求成立了相应的组织领导机构，普遍制定颁布了农村实用人才队伍建设的"中长期规划纲要"及"实施意见"，很多地方还制定了《农村实用人才等级评定办法》《农村实用人才工作考核办法》《优秀农村实用人才评选办法》《农村实用人才认定标准》《农村实用人才工作实施办法》等，细化出台了农村实用人才队伍建设具体措施，实施了一系列重大人才项目，搭建了农村实用人才充分发挥作用的平台，逐步形成了党委政府统一领导、组织部门牵头、农业部门具体负责，人力资源、教育、科技、文化、卫生、财政、发改、扶贫开发等部门各司其职、协调配合，共青团、妇联、科协等人民团体广泛参与的组织体系与工作机制。例如，陕西《农村实用人才队伍建设规划（2010—2020）》提出到2020年全省每个行政村主要特色产业有1～2名技术带头人目标；江苏《中长期农业农村人才发展规划（2010—2020年）》提出到2020年农村实用人才总量达到180万人，并将新型职业农民培育程度纳入农业基本现代化指标体系，到2020年全省新型职业农民培育程度达到50%。

2.完善培养体系，创新培养模式

积极推动构建政府统筹下的"专门机构＋多方资源＋市场主体"的农村实用人才培养体系。健全普及性培训、职业技能培训和文化水平提升相互衔接的培训体系。发挥农业广播电视学校等专门机构作用，强化对象库建设、过程管理、后续服务等基础性工作。依托农村实用人才培训基地，引导农业院校、科研院所、推广机构等多方资源积极参与，打造专业化的师资队伍。鼓励农民合作社、农业企业等市场主体建设田间课堂，将培养体系延伸至产业，覆盖到基层。

探索形成"村庄是教室、'村官'是教师、现场是教材"的农村实用人才带头人和大学生"村官"示范培训模式，组织村"两委"成员、种养大户、农民合作社

带头人、大学生"村官"等到华西村、韩村河村、兴十四村等农业部农村实用人才培训基地参观考察、交流研讨，着力提升创业兴业和致富带富能力。启动实施新型职业农民培育工程，以服务现代农业产业发展、服务新型农业经营主体发育、服务重大农业工程项目实施为导向，构建教育培训、认定管理和政策扶持"三位一体"培育模式，实现生产经营型、专业技能型和专业服务型人才"三类协同"和初级、中级、高级"三级贯通"。以提升务农农民职业技能水平为目标，构建标准、教材、题库相互配套的农业职业技能开发模式，大规模开展农业职业技能鉴定，同时积极开展各种形式的职业技能竞赛活动，营造比学赶超的良好氛围。依托各级农业广播电视学校和农业职业院校，大力实施农村实用人才培养"百万中专生计划"，探索形成农学结合、理实结合、弹性学制的中等职业学校农村实用人才培养模式。启动实施现代青年农场主计划，构建集技能培训、创业指导、政策扶持、跟踪服务于一体的现代青年农场主培育模式，激发和吸引农村青年在农业农村创业兴业。此外，组织、教育、科技、扶贫等部门也组织实施了"农村党员干部现代远程教育""一村一名大学生计划""星火计划""雨露计划"等一系列工程项目，积极推进农村实用人才队伍建设和农民素质提升。

各地不断加强农村实用人才培养体系建设，积极探索形成符合当地实际的培养模式。陕西加强农广校体系建设，在全省组建5 260多人的专兼职师资团队，启动县级农广校标准化建设，2016年经费投入达到2 000万元；福建试行在财政支持下、按需选送新型职业农民到农业院校免费接受学历教育和农业职业技能培训模式。河北连续两年组织实施村支部书记"万人示范培训"，积极探索部省合作、资源共享的新路子。四川崇州探索形成以土地股份合作制为核心，聘请职业经理人种田，以农业科技服务、农业社会化服务、农业公共品牌服务和农村金融服务四大服务体系为支撑的"1+4"新型职业农民培育模式。湖北探索形成"教学规范"式、"创业"式、"全产业链"式培训模式，把"互助、协作、勤勉、诚信"理念融入新型职业农民培训中，重视农民精神教育。江苏张家港、太仓、常熟等地采取"定点招生、定向培养、协议就业"方式，以当地初高中毕业生为对象，委托有关农业院校为农村基层培养新型职业农民，财政全额补贴学费。

3.构建评价制度，探索精准扶持

农业部在连续多年开展农民技术人员职称评定的基础上，积极探索建立科学规范的农村实用人才评价认定体系。制定印发了《农村实用人才认定试点工作方案》，启动实施了农村实用人才认定试点工作，并在试点基础上下发了《关于统筹开展新型职业农民和农村实用人才认定工作的通知》，全面推进以新型职业农民为重点的农村实用人才认定管理，同时积极推动财政补贴资金、示范推广项目、土地流转政策、金融信贷支持等扶持措施与认定工作挂钩、向高素质生产经营者集中，极大提升了认定工作的"含金量"和农民参与认定的积极性。

各试点省、县按照农业部要求，组建了由组织部门或农业部门具体负责、各有关单位参与的认定工作领导小组，构建了农业部、试点省、试点县三级联动，共同推进的认定工作机制，因地制宜创造性地开展统计和认定工作。北京、湖北等地先后制定印发了农村实用人才认定工作指导意见、等级评定办法、工作考核办法等，建立了农村实用人才信息管理系统，实现精准化管理；陕西对农村实用人才认定实行初、中、高三级标准，并把带动农民增收致富的效果作为认定的重要指标。各试点省、县还依据农业部提出的《农村实用人才分类与认定标准参考因素》制定了具体量化的认定标准，建立了以个人申报、村民评议、村委推荐、专家评定、组织审议、社会公示、公布结果、信息化证书为主要内容的认定机制。同时加强资源整合，把认定与产业政策、项目、补贴、待遇挂钩。例如，有的县将高级农村实用人才作为"家庭农场"申报的必备条件；有的县规定农村实用人才必须参加职业技能继续教育培训；有的县每年给予中高级农村实用人才300～1 000元不等的奖励补贴；很多地方都把事迹突出、带动示范作用明显的农村实用人才及时吸纳加入党组织，并优先选拔、充实到村组干部队伍中等。

4.强化政策扶持，支持人才发展

积极推进国家强农惠农富农政策与农村实用人才挂钩、向农村实用人才倾斜。在资金投入上，2014年、2015年中央财政分别安排11亿多元用于新型职业农民培育和农村实用人才培养，2016年增加至13.9亿元，进一步提高了补助标准。在土地流转上，积极推动承包地向农村实用人才流转和集中。据统计，目前全国承包耕地流转面积达到4.47亿亩，其中近80%流转到专业大户和由农村实用人才创办的家庭农场、农民合作社等。在农业补贴上，将用于粮食适度规模经营的补贴资金，重点向种粮大户、家庭农场主、农民合作社骨干等倾斜，体现出"谁多种粮食，优先支持谁"。在金融信贷上，加快建立覆盖全国的农业信贷担保体系，着力解决农村实用人才"融资难、融资贵"的问题。

在中央政策指引下，各地不断落实和创设农村实用人才扶持政策。浙江宁波鄞州区对符合经营规模、种养面积相关规定并拥有大中专以上文化的农业经营主体，每人每年给予1.2万～2万元补助，并享受城镇居民五项保险。陕西安康对初次评定为中、高级的职业农民，分别奖励3 000元和1万元。湖南宁乡县成立"土地银行""粮食银行"，将分散的土地集中流转给有干劲的种植户，并为他们提供生产技术、报价存储、融资担保等服务。四川崇州对初、中、高三级农业职业经理人，分别给予10万元、20万元、30万元的贷款额度。其中，对按时结清贷款本息的，按银行同期贷款基准利率的50%予以补贴。江苏苏州市缴纳社保满一年、大学毕业的新型职业农民，市财政每年给予相应的定额补贴，补贴实行"先缴后补"，补贴期限暂定五年。

此外，为了激励农村实用人才成长成才、创业兴业，农业部还会同有关社团、企业等，组织实施了"百名农业科教兴村杰出带头人""全国杰出农村实用人才""风鹏行动·新型职业农民"等多个资助项目，启动实施了"全国十佳农民"评选表彰工作。各地在人才激励方面也有不少亮点。例如，山东从2009年起，以省政府名义开展"齐鲁乡村之星"评选工作，每两年评选表彰100名农村实用人才，入选者与"泰山学者"享受同等待遇；浙江杭州支持认定后的农村实用人才参评享受市政府特殊津贴，近年来先后有15人获得此项荣誉。广西每年在全区开展"十佳农民专家"和"50个种粮大户"评选表彰活动。

（二）基本经验

农村实用人才队伍建设工作开展10多年来，有许多成功做法和有益经验值得认真总结、长期坚持。

一是坚持围绕中心、服务产业。根据中央要求和现代农业发展需要，结合农村实用人才队伍特点和建设基础，坚持"政府主导、服务发展、统筹兼顾、因地制宜"的队伍建设原则，大力培养各类农村实用人才。同时，着眼于保障国家粮食安全、推进农业供给侧结构性改革、促进农业可持续发展等方面需要，积极探索解决"谁来种地""谁来种好地"等突出问题，着力提供人才保障和智力支撑。

二是坚持改革创新、完善机制。与其他行业相比，农村实用人才工作面对亿万农民，所处的场所是田间地头，没有固定经验可循，必须以创新的精神、改革的办法，不断优化人才培养、评价、激励、保障、使用等机制，探索形成切合实际、富有特色的农村实用人才培养模式，最大限度地激发他们的创业创新活力，并为农村实用人才队伍建设示范推广积累宝贵经验、创造鲜活典型。

三是坚持人才优先、加大投入。把人才发展放在优先位置，落实人才优先发展战略，坚持一把手抓第一资源，坚持管行业就要管行业人才，把农村实用人才工作放在农业农村经济发展大局中谋划和推进，促进人才培养与产业发展深度融合。同时，强化农村实用人才培养的公益性定位，落实政府财政投入的主体责任，设立农村实用人才培养专项资金，加大投入力度，努力构建以政府公共财政投入为基础，企业、社会投入和农民自筹等多渠道、多形式投入机制。

四是坚持统筹协调、形成合力。抓好人才工作，必须通盘考虑，确保连续性、系统性、科学性。坚持统筹谋划，加强顶层设计，既要注重规划好人才工作的长期路线图，又要注意实现目标的阶段性时间表。同时，在当前财力、物力有限的情况下，必须集中各方面的资源，调动各方面的积极性，构建上下衔接、左右互动的工作机制，形成人才工作的强大合力。

五是坚持以用为本、营造氛围。人才培养以用为本，让各类农村实用人才各得其所、用当其时、各展其长，要遵循农村实用人才成长规律，努力构建实用人才培养和产业结合、认定和扶持结合、培训和激励结合的工作机制，不拘一格选人、育人、用人，让农村实用人才有成长成才的通道、有施展才华的舞台。同时，也要坚持干说并重，加大农村实用人才评选表彰和资助力度，加大典型工作、典型人物、典型事迹的宣传造势，在全社会营造重视和加强农村实用人才队伍建设、关心和支持农村实用人才成长创业的良好氛围。

（三）存在的主要问题

尽管我国农村实用人才工作取得很大成绩，但是由于认识、机制等方面因素的制约，还存在一些亟待解决的问题。

一是认识不到位。人才优先发展的理念还没有真正深入人心，一些行业在工作推进中仍然"只见物不见人"，主要精力都放在实施项目、建设基地、争取投入上，很少考虑如何加强人才培养、发挥人才作用。一些地方对农村实用人才的概念和内涵认识不清、定位不准、标准不统一，在农村实用人才队伍建设中存在畏难情绪，主动作为不够，旗帜不高、喇叭不响、办法不多。一些地方将农村实用人才等同于新型职业农民，在围绕产业培育新型职业农民方面下的功夫多，而对专业技能型、社会服务型等人才群体重视不够。一些地方在农村实用人才培训方面甚至出现"请人培训""花钱雇人培训"等突出问题。

二是教育培训基础薄弱。一些地方教育培训的精准性、系统性、针对性不强，仍然把职业农民培育简单等同于以往的单项技术培训，为任务而任务，工作随意性大。不少地方培训条件仍然落后、方式依然单一，现代化、信息化手段运用不足，教学设施简陋，实训基地不足，服务跟进不到位，影响培训质量。一些地方的师资队伍建设、培训教材开发等基础性工作还不够扎实，农业职业教育、农民学历教育等长期性工作没有得到应有重视。

三是评价认定有待完善。农村实用人才评价认定工作刚刚起步，缺乏统一规范的认定制度体系。各地农村实用人才认定统筹工作进展不平衡，各级、各部门之间农村实用人才的分类及评判标准不统一。一些地方特别是县级政府还没有制定具体的认定办法，认定程序和制度不够规范健全。认定证书的含金量不大，农民参与积极性不高。

　　四是扶持政策难以落实。各地在土地流转、贷款贴息、基础设施建设、农机具购置、项目支持等农村实用人才急需的扶持政策方面还没有实质性进展。一些地方指导性意见多、实操性内容少，在政策细化和落实上不到位；有的出台了一些扶持政策，但是发布和宣传不到位，农民不了解或者不知道怎么申报。农业产业扶持政策与人才扶持政策不匹配，存在"两张皮"现象。新型职业农民的中等职业教育还没有纳入到免学费和国家助学政策中。农村实用人才在表彰奖励和社会保障等方面的激励政策也有待进一步完善。

　　五是管理体制还不顺畅。农村实用人才队伍建设涉及农业、水利、林业、计生、人社、扶贫、商务、科技、建设、民族事务、妇联等多个部门，虽然目前由农业部门负责，但是由于在现行管理体制下没有赋予农业部门管理非农产业部门实用人才的职能，导致其对农村其他行业实用人才的统计、分类、管理、认定和扶持等方面工作存在协调困难、政策无法落地的问题。在农业部门内部也存在体制不顺、各自为战的情况。中央和地方对农村实用人才工作的事权划分不清，主体责任不明，存在上下一般粗的问题。

四、农村实用人才队伍建设面临形势与对策建议

　　"十三五"时期是全面建成小康社会的决胜阶段，重点和难点在农村。要推进农业现代化建设取得明显进展，很大程度上取决于农业劳动者素质，取决于农村实用人才的培养和发挥作用。必须牢牢把握发展机遇，正视问题和挑战，按照《农村实用人才和农业科技人才队伍建设中长期规划（2010—2020年）》提出的目标任务和部署要求，大力加强农村实用人才队伍建设，搭建作用发挥的平台，激发创新、创造、创业活力，为推进农业现代化、建设社会主义新农村提供更加有力的人才支撑。

（一）农村实用人才队伍建设面临的新形势

1.中央对农村实用人才工作高度重视、明确要求，为推进农村实用人才队伍建设提供了新机遇

　　党的十八大以来，以习近平同志为总书记的党中央把人才工作摆在更加突出位置。习近平总书记在多个场合对人才工作做出指示、提出要求，其中很多方面涉及农村实用人才工作，如"农村经济社会发展，说到底，关键在人""解决好'谁来种地'问题，核心是要解决好人的问题""要建立专门政策机制，形成一支高素质农业生产经营者队伍"等。近年来，中央人才工作协调小组每年都把农村实用人才工作

作为重要内容，列入年度工作要点，予以部署和推动。2016年初中央印发的《关于深化人才发展体制机制改革的意见》，明确提出要健全以职业农民为主体的农村实用人才培养机制。随后中共中央办公厅印发的《意见》主要任务分工方案，明确把这项任务交由农业部牵头落实。可以说，培养新型职业农民和农村实用人才，是各级农业部门重中之重的任务。贯彻落实习总书记的重要指示和中央的决策部署，立足全局、着眼未来，为我们进一步做好农村实用人才工作指明了正确方向，提供了难得机遇。

2.全面建成小康社会、加快城乡一体化进程，为农村实用人才队伍建设拓展了新领域

全面建成小康社会，最艰巨、最繁重的任务在农村，最大的短板在农村贫困人口。《中共中央国务院关于打赢脱贫攻坚战的决定》提出"五个一批"工程。其中，产业扶贫是脱贫攻坚的重头戏，涉及对象最广、涵盖面最大。搞好产业扶贫，除了要规划好产业、设计好项目、制定好政策、安排好资金以外，关键是要为贫困地区农村培养一批产业发展带头人，确保贫困村的支书、主任、大学生"村官"等干部和农村实用人才得到全面培训，推动他们带领农民脱贫致富。深入推进城乡一体化发展是解决"三农"问题的根本途径。随着农村生产生活条件逐步改善，让务农种粮农民有效益、不吃亏、得实惠，不仅能稳住部分青壮年农民留在农业领域从业创业，还能吸引部分农民工返乡务农创业，也有利于吸引大中专毕业生以及城市和其他行业有志于在农业农村发展的各类人才，从而缓解农村青壮年劳动力持续大量外流带来的农业农村人才短缺矛盾，拓展农村实用人才成长成才空间和创业兴业领域。

3.推进农业供给侧结构性改革，提升农业产业竞争力，对农村实用人才队伍建设提出了新要求

推进供给侧结构性改革是"十三五"农业现代化发展的主线。当前，我国农业主要矛盾已由总量不足转变为结构性矛盾，面对居民消费多元化、个性化需求，优质化、多样化、专用化农产品供给相对滞后；面对农业生产成本"地板"和农产品价格"天花板"的双重挤压，我国农业大而不强、多而不优的问题越来越突出；面对耕地数量减少、质量下降、地下水超采、农业面源污染加剧等问题，农业资源环境两道"紧箍咒"越绷越紧。要解决这些突出矛盾，关键是推进供给侧结构性改革，以市场需求为导向调整农业生产结构和产品结构，以科技支撑为手段解决农产品品种质量问题。推进供给侧改革，关键靠科技，关键在人。但是，目前我国农村劳动力素质呈现结构性下降、老龄化加快趋势，出现"70后不愿种地，80后不会种地，90后不谈种地"的现象，必须按照补短板思路，调整技术创新方向和人才队伍结构，加快培养农村实用人才，打造结构合理的高素质农业生产经营者队伍，将稀缺的土地等农业资源集聚起来，发展多种形式的适度规模经营，提高农业效益，增强农产品市场竞争力。

4.适应农村劳动力结构性变化、瞄准重点人群进行重点开发，为农村实用人才队伍建设开辟了新途径

由于农业生产周期长、种粮务农比较效益低，随着工业化、城镇化快速推进，农村劳动力特别是青壮年大量持续转移，我国农业劳动力供求结构进入总量过剩与结构性、区域性短缺并存的新阶段。表现为老年多青壮年少、妇女多男性少、低素质者多高素质者少的"三多三少"，关键农时缺人手、现代农业缺人才、新农村建设缺人力问题日益普遍。新生劳动力离农意愿强烈，农业后继者缺乏，"谁来种地""如何种地"现实而紧迫地摆在我们面前。与此同时，近年来，在国家大众创业、万众创新政策的激励下，农村各种新产业、新业态不断涌现，农民工和大学生等返乡创业人员明显增多。据统计，截至2015年底，农民工返乡创业人数累计超过450万人，约占农民工总数的2%；大学毕业生返乡创业比例达到1%。这些人经过多年进城务工的磨炼，已经积累了一些发展市场经济的经验、资金和技术；或者接受过系统的高等教育，思维活跃、素质较高。如果能因势利导，吸引他们到农业领域创业兴业，将是农业农村经济发展的重要力量。因此，瞄准农村务农青年、返乡农民工、农村两后生、贫困家庭子女、农村创业大学生、退役军人、工商资本经营主体等重点人群，吸纳他们参加各类农业培训、创业培训和职业教育，把他们培养成为在农业特别是现代种养、农产品加工、农业休闲旅游、农业电子商务等领域创业的生力军，并通过他们辐射带动更多的人群创业就业，无疑会成为解决"谁来种地"问题，促进农村一、二、三产业融合发展的一项良策。

（二）推进农村实用人才队伍建设的对策建议

"十三五"期间推进农村实用人才队伍建设，必须以服务新农村建设、服务现代农业发展、服务农民增收致富、服务产业扶贫脱困"四个服务"为目标，以农业"提质增效转方式、稳粮增收可持续"为主线，以培育新型职业农民为主体，坚持抓人才促生产、靠实践育人才、抓高端带全局、既见物又见人，扎实推进农村实用人才队伍建设，为发展现代农业、建设社会主义新农村提供强有力的人才支撑。

1.着力抓好重点农村实用人才队伍建设

一是健全以新型职业农民为主体的农村实用人才培养机制。加快构建和完善教育培训、规范管理、政策扶持"三位一体"的培育制度体系。启动实施新型农业经营主体带头人轮训计划，到2020年基本轮训一遍，每年培训100万人；继续实施现代青年农场主培养计划，每年遴选1万名青年农场主进行培养，吸引更多农村青年务农创业。组织开展全国农村实用人才资源统计和新型农业经营主体带头人实名登记工作，摸清职业农民底数，精准确定培训对象。依据国家职业技能标准，精准制定培训规程，让农民通过培训掌握几项实用技术。扎实推进认定统筹工作，把新型职业农民作为农村实用人才认定的重点，把生产经营型职业农民作为新型职业农民认定的重点，鼓励专业技能型和专业服务型职业农民参加职业技能鉴定，获取国家职业资格证书。积极探索将认定结果作为农民贷款、抵押的有效证明。加大激励扶持力度，尽快出台新型农业经营主体带头人扶持政策清单，积极推动农业补贴、项目建设、用地用水用电、金融社保等各方面扶持政策向他们倾斜。继续动员社会力量参与实施"全国十佳农民"等资助项目，为人才发挥作用搭建平台。

二是扎实开展农村实用人才带头人和大学生"村官"示范培训。坚持和完善"村庄是教室、'村官'是教师、现场是教材"的培训模式，充分利用好现有的培训基地，进一步聚焦培训对象，瞄准新型农业经营主体带头人、返乡创业带头人、农民企业家和优秀大学生"村官"等高端人才群体，充分体现部级人才培训项目的高端引领作用。强化培训教材开发、师资队伍建设等基础工作，加大通用教材和专用教材开发力度，科学设置课程体系，面向全国范围遴选优秀师资。优化培训基地布局，争取到"十三五"中期实现各省的部级培训基地全覆盖。按照示范培训考核管理办法，加大培训测评考核和监督管理力度，把示范培训打造成农村人才培养的口碑工程。

三是大力实施农村实用人才"学历提升计划"。以改善农村实用人才队伍素质结构为目标，系统总结"百万中专生计划"实施经验成效，启动实施农村实用人才"学历提升计划"，争取用到2020年再培养50万名具有农科中专以上学历的农村实用人才。在内容上突出惠农政策、产业发展、实用技术、农村电商等；在方式上推进"农学结合、弹性学制"的农民中等职业教育，推广"送教下乡""定向培养""半农半读"等培养模式，大力应用现代远程教育技术手段；在保障上积极与财政、教育等部门沟通，争取经费投入，支持农业职业院校开展农民学历教育，吸引农民入学接受学历教育。

四是切实为产业扶贫、精准扶贫提供人才支撑。积极引导各类人才培养政策、项目、计划、资金向贫困地区倾斜、向贫困人口聚焦，增强贫困地区自我发展能力。将农村实用人才带头人和大学生"村官"示范培训对象向贫困地区倾斜，精心组织实施贫困地区产业发展带头人培训、新型职业农民技术培训等"扶智"行动，采取"调出来提升、派进去指导、本地化培养"等方式，不断强化当地脱贫致富的人才支撑。

五是大力推进外向型农业企业经营型人才培养。围绕农业走出去、农业企业走出去提供人才支撑，将外向型农业企业人才、农业科技人才培养摆在重要位置，举办外向型农业企业经营型人才示范培训，带动各地开展相关培训活动，为支撑农业"走出去"战略实施、提升我国农业国际竞争力培养更多国际化实用人才。

2.扎实推进农村实用人才培养各项工作

一是进一步加强对农村实用人才工作的组织领导。牢固树立人力意识和第一资源观念，将农村实用人才工作摆在更加突出的位置，在各级党委的统一领导下，建立相应组织协调机制，进一步明确农业部门的牵头责任，克服职能交叉、职责不清、政出多门、合力不足等问题；进一步明确县乡党委政府的主体地位，加大统筹协调力度，整合各类培训资源。将新型职业农民培育纳入粮食省长负责制考核内容，将新型职业农民培育专项纳入中央财政项目绩效管理。探索建立县乡级农村实用人才协会组织，推进农村实用人才自我管理、自我教育、自我发展。加大宣传力度，努力营造尊重农村实用人才和支持农村实用人才工作的良好氛围。

二是加大农村实用人才队伍建设资金投入。中央财政设立农村实用人才培养与创业专项扶持资金，用于支持农村实用人才参加技能培训、经营管理培训和创业培训，对农村实用人才开展新品种引进、培育和新技术推广给予资金补贴，对农村实用人才创业兴业给予贷款贴息和农业保险保费补贴，加强农村实用人才教育培训条件建设，表彰有突出贡献的农村实用人才等。推动地方各级政府每年按财政收入的一定比例提取农村实用人才队伍建设资金，专门划出一定比例的经费用于农村实用人才队伍建设。鼓励和引导企业、个人、社会组织等各种力量参与支持农村实用人才培养。

三是加强农村实用人才培养体系建设。进一步明确各级农广校的公益地位，加强条件设施和队伍能力建设，更好地履行农村实用人才培养职能。开展培育对象摸底调查、师资队伍遴选、优质教材开发，加强实训基地和农民田间学校建设，提升农村实用人才培养条件和能力。加快建立农村实用人才培养标准体系，全面开展农村实用人才评价认定工作。充分利用物联网、移动互联、微博微信、手机终端等信息化手段，探索在线教育培训、移动互联服务和在线管理考核等新型服务模式，不断提高农村实用人才培养质量和效益。

四是继续创设完善农村实用人才配套扶持政策。鼓励支持农村实用人才承担各级农业类工程建设项目，各类已建成项目优先提供农村实用人才使用并承担管理养护义务。推动已有补贴优先满足农村实用人才创业兴业需要，新增补贴向农村实用人才倾斜。鼓励农用地向农村实用人才流转集中，并对实施适度规模经营的土地流转进行补贴，同时安排一定比例建设用地。创新金融产品，对农村实用人才在信用评级、客户授信、抵押担保、利率定价、贷款期限和额度上做出差异化安排。积极探索土地承包经营权、农业订单、农民住房、温室大棚、大型农机具、存栏种畜禽等作为抵押质押的担保方式。将农村实用人才作为农业基础设施建设的重要主体，探索建立"以补代建"机制，逐步提高土、渠、路、电等建设标准。因地制宜开展特色优势农产品保险试点，把设施农业、农机具、渔业、制种等纳入保险范围，提高针对农村实用人才的保险保障水平和保费补贴标准。对农村实用人才登记家庭农场、领创办农业企业和农民合作社的，给以费用减免和税收优惠。优先支持农村实用人才享有与当地城镇居民同等的教育资助、就业扶持、养老服务、医疗保险、社会福利等权利。

附录四　2016年全国农业职业教育发展报告

一、我国农业职业教育发展政策环境

与时代同行，遵循教育规律，回归教育职能，不断开放创新是办好职业教育的必然要求。解读2015年中央1号文件、教育部《关于开展现代学徒制试点工作的通知》《关于深入推进职业教育集团化办学的意见》《关于深化职业教育教学改革全面提高人才培养质量的若干意见》《职业院校管理水平提升行动计划》《职业学校教师企业实践规定（试行）》等政策文件，"互联网+""大众创业　万众创新""教师实践""专业设置调整""学徒制试点""现代职教体系加快推进"等成为2015年度职业教育最具影响力的关键词。

聚焦2015年职业教育，释放出诸多政策信号：引导职业院校科学合理设置专业，优化服务产业发展的专业布局，推动国家产业发展急需的示范专业建设，强化行业对教育教学的指导，推进专业教学紧贴技术进步和生产实际；开展现代学徒制试点，共同研制人才培养方案、开发课程和教材、设计实施教学、组织考核评价、开展教学研究；建立教学工作诊断与改进制度，在学校、专业、课程、教师、学生等不同层面建立起完整且相对独立的自我质量保证机制；深入推进职业教育集团化办学，以健全课程衔接体系为重点，推动人才培养目标、专业布局、课程体系、教育教学过程、行业指导、校企合作的衔接；加快发展高中阶段教育，以未能继续升学的初高中毕业生为重点，推进中等职业教育和职业技能培训全覆盖，积极发展农业职业教育，加快农业人才培养，大力培养新型职业农民，以上这些政策无不彰显了国家对职业教育与农业职业教育的重视和支持。

党的十八届五中全会首次提出"创新、协调、绿色、开放、共享"五大发展理念，为我国农业"十三五"乃至更长时期的发展描绘出新蓝图：创新体制机制，推进农业供给侧结构性改革，创新农业供给体系、农业经营方式，完善农村产权制度，健全农业科技体系；加强统筹协调，推进城乡一体化发展，推动城镇基础设施和公共服务向农村延伸覆盖，缩小城乡发展差距；突出绿色生态，大力发展生态友好型农业，加大生态环境保护建设力度，提高农产品质量安全水平，加快建设资源节约型、环境友好型农业；扩大对外开放，推进农产品市场体系建设，进一步拓展农业发展空间，加快形成进出有序、优势互补、互利共赢的农业对外开放格局；着眼共享发展，大力实施精准脱贫攻坚工程，提高农村社会保障水平，努力拓展农民增收渠道，不断增进农村居民福祉。

农业职业教育作为职业教育体系的重要方面，其体系的完善关系到我国整个职业教育体系架构的完整性，同样关系到我国农业现代化的进程。虽然自20世纪80年代中期以来，我国农业职业教育实现了跨越式发展，在发展规模、结构体系、基础建设能力等方面取得了显著成效，有力支撑了农业与农村经济社会发展。但在现阶段，国家经济发展方式的转变、创新驱动型的发展思路直接影响到农业职业教育发展战略的重新定位和发展路径的正确选择。对正处于发展"十字路口"的农业职业院校而言，如何找寻到发展着力点，关键是要主动适应"互联网＋教育"行动、"中国制造2025""一带一路"等国家战略部署以及现代农业产业发展新业态对农业技术技能人才提出的新需求，立足自身发展基础，寻突破、求创新，加强涉农专业建设，加大农村实用人才培训工程，加强示范引领、体制创新、校企共建、质量提升，实施具体改革举措，提高涉农专业吸引力，让农业人才培养真正落地。

二、我国农业职业院校办学现状

本报告以23个省份166所农业、涉农职业院校调查提交的"办学基本情况"为数据样本，并结合21所农业高等职业（技术）院校（以下简称高职院）、32所涉农高职院、31所农业中等职业学校（以下简称中职校）和82所涉农中职校提交的典型案例和意见反馈，期望能真实地反映我国农业职业教育2015年发展现状。

（一）院校分布情况

课题组网络调研数据显示，截至2015年12月底，全国31个省（自治区、直辖市），共设有543所农业、涉农职业院校。其中，农业高职院38所，涉农高职院144所，国家示范（骨干）农业、涉农高职院合计41所，占比22.5%；农业中职校103所，涉农中职校258所，国家示范农业、涉农示范中职校合计160所，占比44.3%（附表4-1）。

附表4-1 2015年全国农业、涉农职业院校分布情况

地　区	省（自治区、直辖市）	院校数量（所）			
		农业高职院	涉农高职院	农业中职校	涉农中职校
东部	北　京	1	—	1	1
	天　津	—	2	2	—
	河　北	—	7	3	3
	辽　宁	2	3	7	31
	上　海	1	1	—	6
	江　苏	3	3	3	27
	浙　江	1	10	3	6
	福　建	2	5	7	3
	山　东	1	8	1	4
	广　东	1	6	4	6
	海　南	—	1	5	1
中部	山　西	1	6	4	1
	吉　林	1	2	2	2
	黑龙江	5	2	3	1
	安　徽	2	11	5	49
	江　西	1	3	2	3
	河　南	3	11	4	43
	湖　北	—	10	1	5
	湖　南	—	12	3	31
西部	内蒙古	—	6	3	—
	广　西	1	2	10	2
	重　庆	—	2	2	—
	四　川	2	6	3	4
	贵　州	1	8	2	1
	云　南	4	1	9	8
	西　藏	—	1	—	—
	陕　西	—	7	2	11
	甘　肃	3	3	8	1
	青　海	1	—	—	—
	宁　夏	—	2	2	—
	新　疆	1	3	2	8
	合　计	38	144	103	258

　　《2015年全国教育事业发展统计公报》统计数据显示，2015年全国高职院校总数为1 341所，而现有农业高职院的占比仅为2.83%。全国国家示范中职校总数为1 004所，而现有农业、涉农示范中职校占比仅为15.9%。

　　从东部、中部、西部区域分布看，东部地区共设有农业高职院12所、涉农高职院46所、农业中职校36所、涉农中职校88所；中部地区共设有农业高职院13所、涉农高职院57所、农业中职校24所、涉农中职校135所；西部地区共设有农业高职院13所、涉农高职院41所、农业中职校43所、涉农中职校35所。从院校所属省（自治区、直辖市）看，北京、辽宁、上海、江苏、浙江、福建、山东、广东、山西、吉林、黑龙江、安徽、江西、河南、广西、四川、贵州、云南、甘肃、青海、新疆21个农业综合水平较强的省（自治区、直辖市）均设有农业高职院，且各具特色；湖南、安徽、河南、浙江、湖北、山东、贵州、河北、陕西、广东、山西、内蒙古、四川、福建14个省（自治区、直辖市）涉农高职院拥有数≥5；广西、云南、甘肃、福建、辽宁、安徽、海南7个省（自治区、直辖市）农业中职校拥有数≥5；安徽、河南、辽宁、湖南、江苏、陕西、云南、新疆、上海、广东、浙江、湖北12个省（自治区、直辖市）涉农中职校拥有数≥5。从整体布局看，我国农业职业院校覆盖面广，但地域分布不太均衡，特别是西藏、青海等个别省（自治区、直辖市）缺少中专层次办学，还留有涉农专业人才培养链条上的不足。

（二）办学基本条件

　　基本办学条件是发展职业教育的物质保证。自2006年教育部、财政部联合启动国家示范性高等职业院校建设计划以来，首批建设院校在学校基本建设、教学基础设施建设等方面进行了积极的探索和实践，校园总体规划日趋科学合理，办学硬件明显改善，发展空间普遍得到拓展。

　　13所国家示范（骨干）农业、涉农高职院统计数据显示（附表4-2），2015年各院校继续加强基础能力建设，学校基本建设和教学基础设施建设等硬件有了不同程度的改善。但由于所处区域经济发展的不平衡，各院校在生均教学科研仪器设备值、财政拨款、学费收入等办学基本指标上，相差较大。

附表4-2　2015年13所国家示范（骨干）农业、涉农高职院办学基本条件

院　校	生均教学科研仪器设备值（元）	财政拨款（万元/年）	学费收入（万元）
北京农业职业学院	25 019.8	42 587.0	1 832.0
辽宁农业职业技术学院	26 133.4	6 021.4	4 700.0

（续）

院 校	生均教学科研仪器设备值（元）	财政拨款（万元/年）	学费收入（万元）
辽宁职业学院	11 521.8	9 107.4	3 112.7
黑龙江农业经济职业学院	11 784.0	10 135.9	4 615.7
江苏农林职业技术学院	9 222.8	26 377.9	7 750.0
江苏农牧科技职业学院	12 706.4	27 797.0	5 216.0
阜阳职业技术学院	9 610.2	9 199.4	3 612.5
芜湖职业技术学院	5 590.4	13 276.5	9 588.6
山东畜牧兽医职业学院	9 161.0	9 326.5	3 261.0
襄阳职业技术学院	9 515.0	11 992.9	6 493.7
青海畜牧兽医职业技术学院	16 473.7	2 178.0	1 193.0
宁夏职业技术学院	4 022.5	14 441.3	4 217.4
新疆农业职业技术学院	8 636.3	4 262.6	5 910.0
国家基本办学条件指标	4 000.0	—	—

调研的21所农业高职院中（附图4-1），北京农业职业学院、江苏农牧科技职业学院、江苏农林职业技术学院、苏州农业职业技术学院、成都农业科技职业学院、黑龙江农业经济职业学院6所院校2015年财政拨款年收入均超1亿元，而青海畜牧兽医职业技术学院、甘肃农业职业技术学院两所院校2015年财政拨款年收入还不足3 000万元。

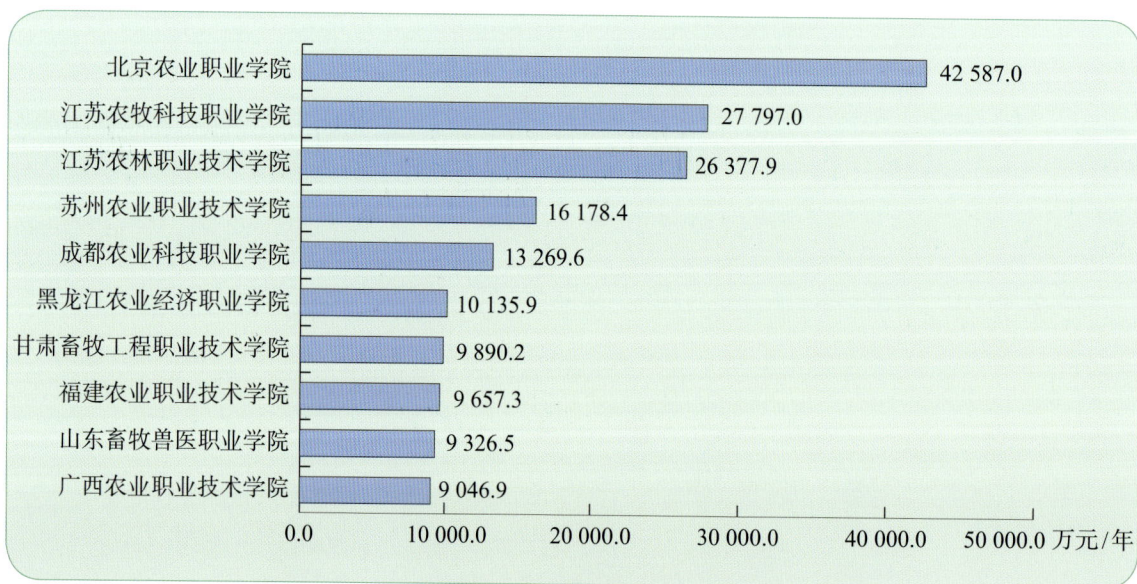

附图4-1　2015年农业高职院财政拨款排名前10院校

调研的32所涉农高职院中（附图4-2），温州科技职业学院2015财政拨款年收入总计25 571.8万元，居于首位，而宿州职业技术学院2015财政拨款年收入不足2 000万元。

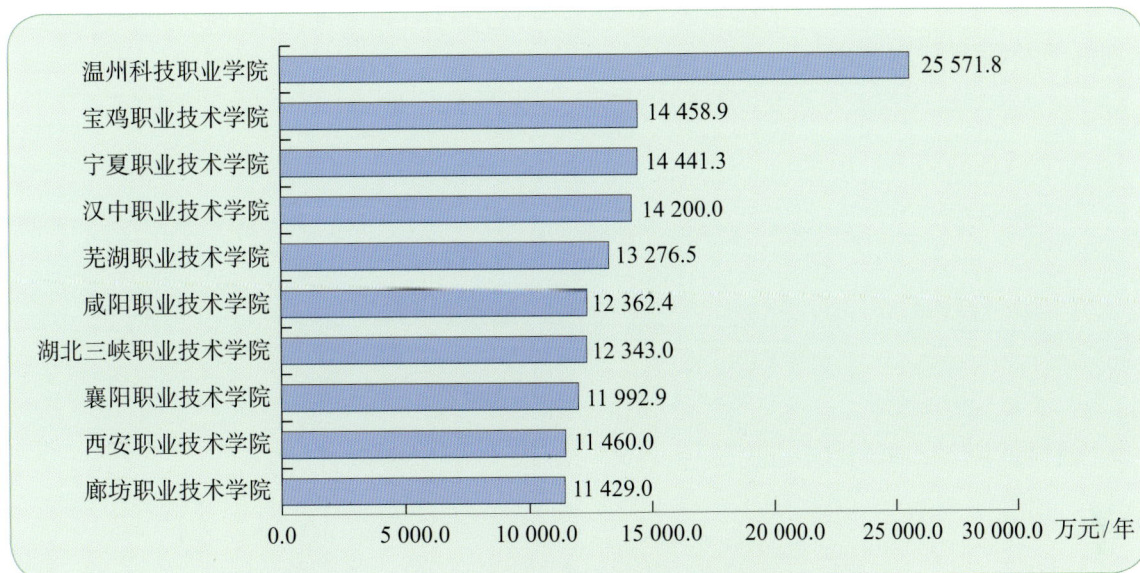

附图4-2　2015年涉农高职院财政拨款排名前10院校

调研的21所农业高职院中（附图4-3），辽宁农业职业技术学院、北京农业职业学院、青海畜牧兽医职业技术学院、黑龙江农业职业技术学院、江苏农牧科技职业学院、黑龙江农业经济职业学院、苏州农业职业技术学院7所院校2015年生均教学科研仪器设备值均超1万元，但大理农林职业技术学院2015年的生均教学科研仪器设备值为1 706元，低于高职生人均4 000元的国家基本标准。

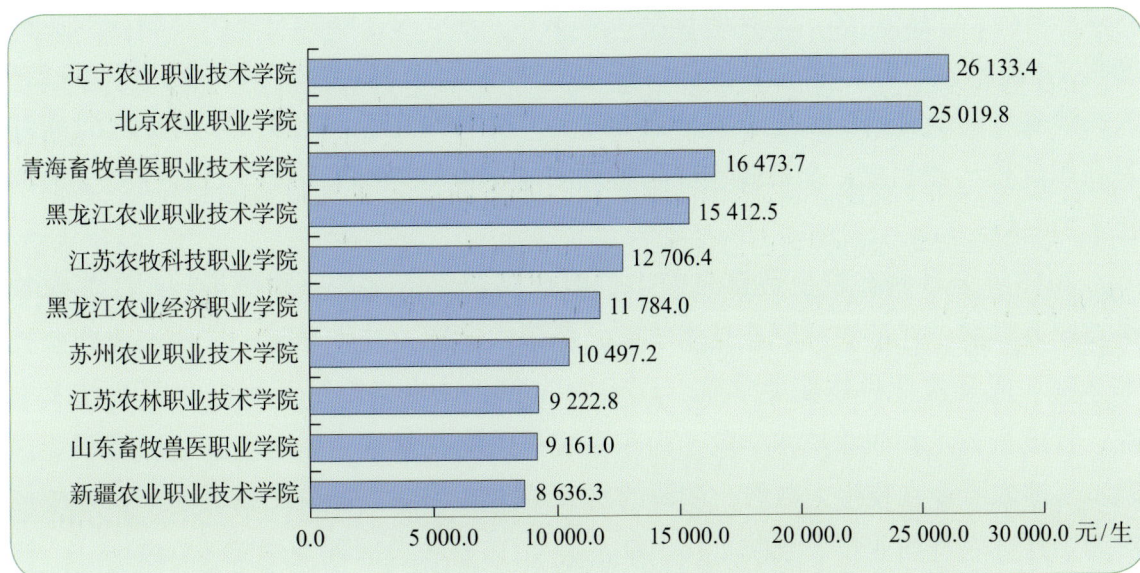

附图4-3　2015年农业高职院生均教学科研仪器设备值排名前10院校

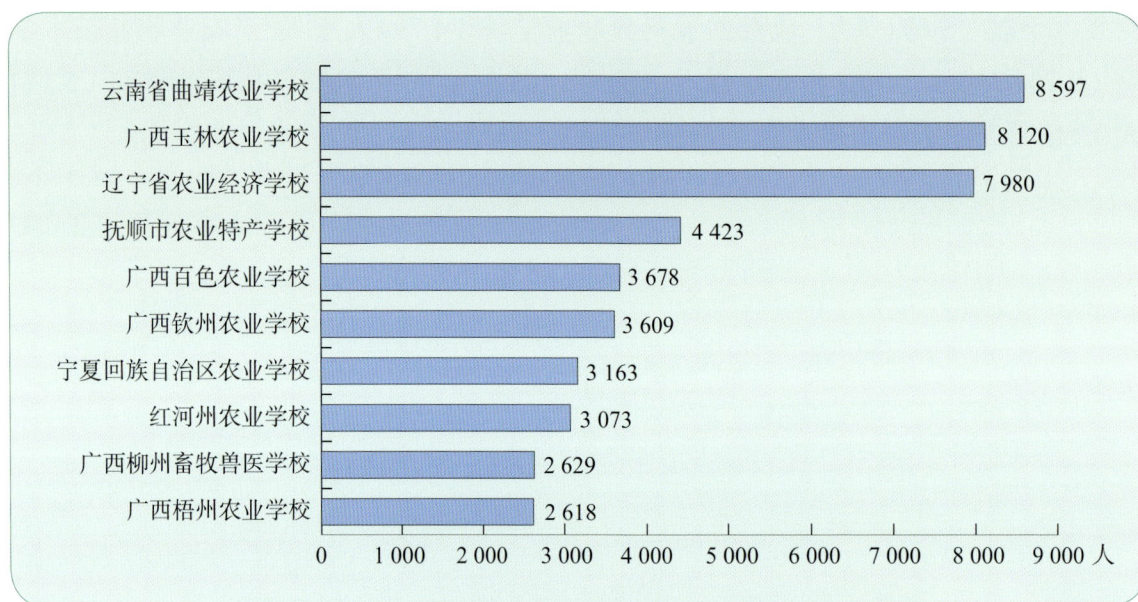

附图4-6 2015年农业中职校全日制在校生数排名前10院校

对比发现，国家、省级示范（骨干）农业高职院因自身发展基础、专业优势，在校生总数基本保持稳定，但生源下降趋势依然存在。2015年部分国家、省级示范（骨干）农业高职院另辟蹊径，积极拓展招生渠道。例如，北京农业职业学院与俄罗斯、德国、荷兰等国的16所职业院校建立校际交流关系，目前共招收来自"一带一路"沿线的俄罗斯、哈萨克斯坦、吉尔吉斯斯坦、波兰等国留学生32人。江苏农牧科技职业学院与美国、英国、德国、澳大利亚、荷兰以及非洲、东南亚等地的60余所院校或教育培训机构建立友好合作关系，多次举办非洲及东南亚籍动物科学技术专业留学生培训班，并招收全日制老挝、印尼留学生。

（四）师资队伍

农业、涉农职业院校由于农业行业的特点以及人才培养目标的特殊性，具备理论教学素质以及实践教学素质的技能型、实践型、科研型教师在各院校师资队伍建设中的地位尤为重要。

样本显示，21所农业高职院2015年专任教师总数为6 303人，校均专任教师数为300人，校均高级职称教师数为97人；32所涉农高职院2015年专任教师总数为13 244人，校均专任教师数为413人，校均高级职称教师数为144人。其中，2015年专任教师数排名前十的农业、涉农高职院依次为：咸阳职业技术学院、广东农工商职业技术学院、宝鸡职业技术学院、江苏农林职业技术学院、湖北三峡职业技术学院、芜湖职业技术学院、宁夏职业技术学院、江苏农牧科技职业学院、襄阳职业技术学院、渭南职业技术学院（附图4-7）。

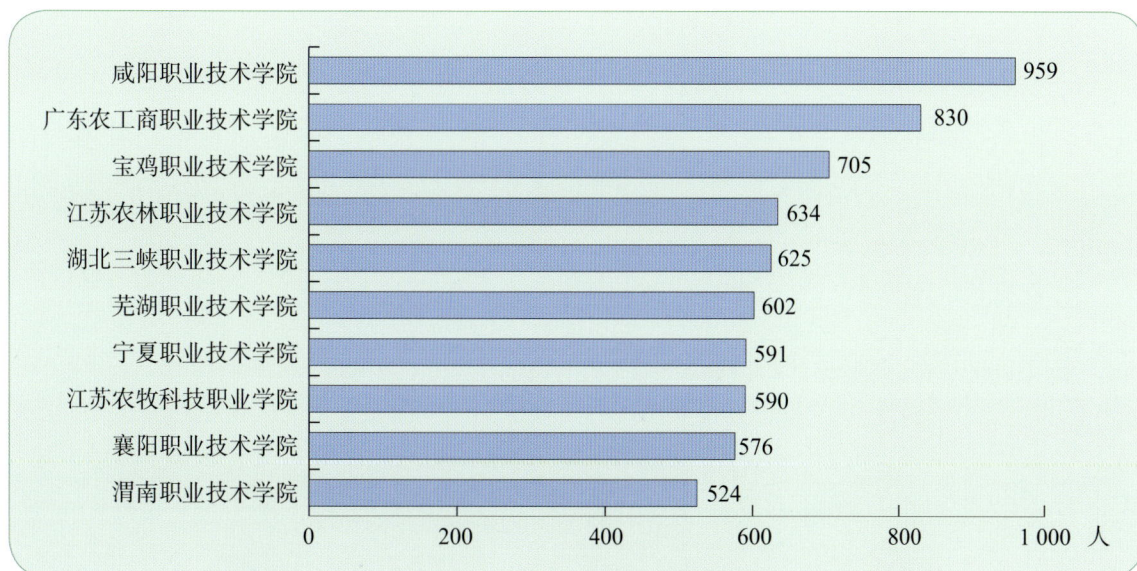

附图4-7　2015年农业、涉农高职院专任教师数排名前10院校

样本显示，31所农业中职校2015年专任教师总数为4 620人，校均专任教师数为149人，校均高级职称教师数为48人；82所涉农中职校2015年专任教师总数为9 148人，校均专任教师数为112人，校均高级职称教师数为38人。其中，2015年专任教师数排名前十的农业、涉农中职校依次为：云南省曲靖农业学校、广西玉林农业学校、朝阳工程技术学校、灵璧县高级职业技术学校、天长市工业学校、安徽材料工程学校、芜湖汽车工程学校、北京市昌平职业学校、双辽市职业中等专科学校、宣城机械电子工程学校（附图4-8）。

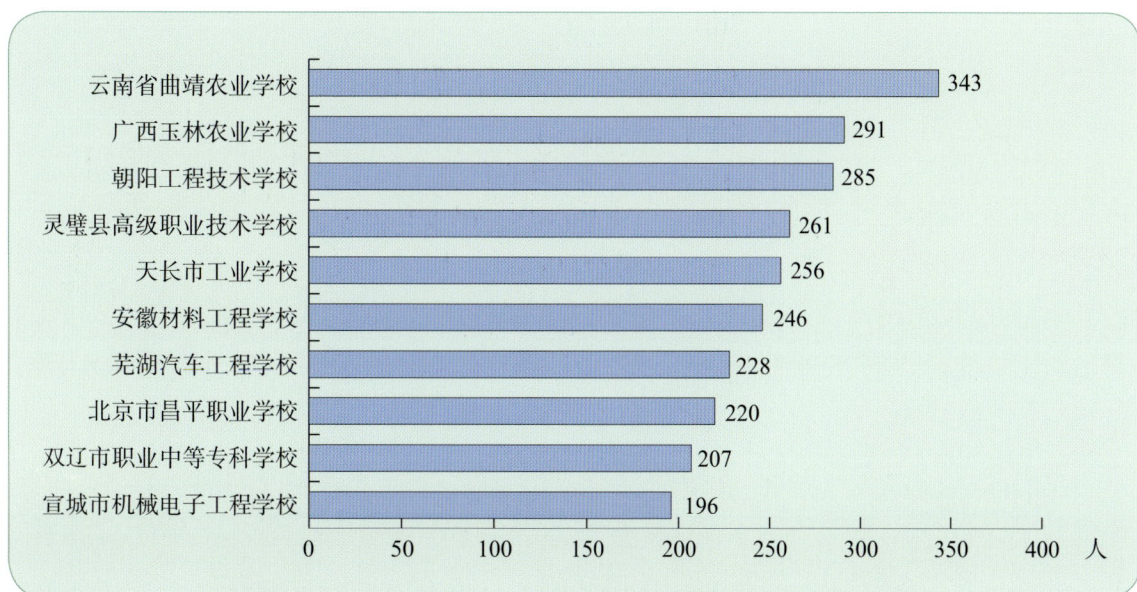

附图4-8　2015年农业、涉农中职校专任教师数排名前10院校

从行业企业引进"双师型"教师，是学校教学的现实需要。教育部早在2006年印发的《关于全面提高高等职业教育教学质量的若干意见》中就明确指出：要大量聘请行业企业的专业人才和能工巧匠到学校担任兼职教师，逐步加大兼职教师的比例，逐步形成实践技能课程主要由具有相应高技能水平的兼职教师讲授的机制。样本显示，21所农业高职院2015年兼职教师总数为3 495人，校均兼职教师数为166人；32所涉农高职院2015年兼职教师总数为4 581人，校均兼职教师数为143人。

（五）涉农专业建设

参照教育部《中等职业学校专业目录（2010年修订）》、《普通高等学校高等职业教育（专科）专业目录及专业简介（2015年）》，本次调研的166所职业院校开设的涉农专业主要包括农业类、林业类、畜牧业类、渔业类，招生途径有普通高考、对口单招、自主单招、注册入学等多种形式，专业开设方向也较为相似，但各有侧重，各有特点。

从涉农专业开设占比看，调研的21所农业高职院2015年涉农专业开设占比的平均值为45.1%，较2012年86所农业高职院涉农专业开设平均占比（27.1%）增长18个百分点。其中，云南农业职业技术学院、江苏农牧科技职业学院、青海畜牧兽医职业技术学院、甘肃农业职业技术学院、广西农业职业技术学院、江苏农林职业技术学院、山东畜牧兽医职业学院、苏州农业职业技术学院8所院校2015年涉农专业开设比例都超过平均值（附图4-9）。

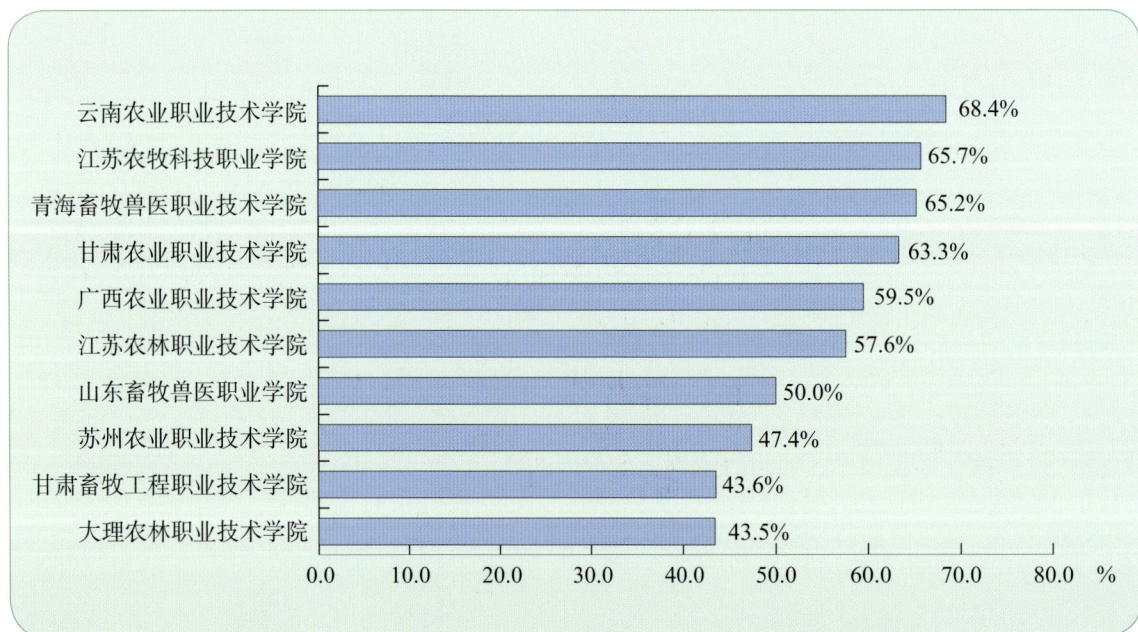

附图4-9　2015年农业高职院涉农专业开设占比排名前10院校

究其原因，以上这些院校开设的涉农专业多为中央或省财政支持重点建设专业，也是各院校的优势专业，加上近年来各院校积极创新涉农专业新方向，打造特色专业群，赋予涉农专业新的内涵，这为涉农专业发展创造了良好条件。例如，辽宁农业职业技术学院遵循"通过升级改造，做精传统农业类专业；通过适应新兴产业发展，做大现代服务业类专业；通过服务区域经济发展，合作共办新兴装备类专业"的专业建设理念，重构专业布局，现建有农学园艺类、园林艺术类、畜牧兽医类、食品药品类、农机装备制造类、现代服务类和信息技术类7大特色专业群。湖北生物科技职业学院重视专业特色发展建设，2015年依托与海大集团联合成立的中国现代渔业职教集团，发展渔业类特色专业，为专业建设、实训基地建设、科技服务、渔民培训等搭建了良好的平台。

相比较而言，2015年中职校涉农专业开设数≥10个的院校仅有3所，分别为抚顺市农业特产学校（15个）、云南省文山农业学校（12个）、宁夏回族自治区农业学校（12个）。例如，抚顺市农业特产学校结合示范校建设，优化专业结构，极力打造养殖、种植、农产品加工、农村经济管理和农业工程5大专业群，较好涵盖了农业产前、产中、产后整个过程，实现了"种养加一体化，产供销一条龙"。

从涉农专业在校生培养质量看，自2009年秋季起，国家对中等职业学校农村家庭经济困难学生以及涉农专业学生免学费，同时中央财政按照每生每年平均2 000元的标准，与地方财政统一分担，涉农专业学生培养"回暖"，毕业生数量就业率略有提高。例如，黑龙江农业经济职业学院自2013年起，在全校7个涉农专业中开展免费教育试点，对有志于毕业后服务本地区农业经济的学生减免前两年学费，试点专业由试点前每年招生82人，一跃升至平均每年招生255人，相当于试点前的3.1倍。

对比2014年、2015年统计数据（附表4-3）发现，辽宁农业职业技术学院、黑龙江农业经济职业学院、苏州农业职业技术学院、江苏农林职业技术学院、江苏农牧科技职业学院、福建农业职业技术学院、山东畜牧兽医职业学院、甘肃农业职业技术学院、青海畜牧兽医职业技术学院、新疆农业职业技术学院10所院校2015年涉农专业毕业生就业形势良好，毕业生毕业一年后的就业稳定率、农业企业接收毕业生就业占比，与2014年指标数值相比，有所提高。

目前，涉农专业学生毕业的第一选择是去企业，且多集中于民营企业，就职岗位类别多样，就业总体期望值适中。例如，渭南职业技术学院近三年有200余名学生参加国家级、省级职业技能大赛，先后获奖78项，用人单位对该校毕业生满意度达83.6%。其次，毕业生选择对口升学，为未来储备知识。例如，湖北孝感生物工程学校2015年组织187名学生参加对口考试，本科以上录取数80人。再次，毕业生选择自主创业。例如，甘肃农业职业技术学院2015届高职毕业生毕业半年后的自主创业比例为1.5%，2015届相对于2014届增长了1.3个百分点。

附表4-3　2014年、2015年10所农业高职院涉农专业学生培养质量情况

院校名称	年份	毕业生毕业一年后的就业稳定率（%）	校企合作农业企业接收毕业生就业占比（%）	毕业生创业率（%）
辽宁农业职业技术学院	2014	56.0	40.0	1.7
	2015	75.0	92.3	3.0
黑龙江农业经济职业学院	2014	81.3	63.4	0.7
	2015	91.6	65.2	1.9
苏州农业职业技术学院	2014	46.0	25.1	5.0
	2015	57.6	32.8	4.2
江苏农林职业技术学院	2014	93.3	4.2	5.2
	2015	94.5	4.5	3.6
江苏农牧科技职业学院	2014	90.0	31.4	5.1
	2015	90.1	39.5	6.0
福建农业职业技术学院	2014	78.0	52.6	0.6
	2015	52.0	35.0	1.0
山东畜牧兽医职业学院	2014	60.0	41.5	7.0
	2015	99.8	44.4	8.0
甘肃农业职业技术学院	2014	81.2	10.0	0.2
	2015	81.0	32.0	1.5
青海畜牧兽医职业技术学院	2014	93.1	37.8	0.6
	2015	94.0	47.0	0.5
新疆农业职业技术学院	2014	56.0	25.0	8.0
	2015	57.0	43.5	6.0

数据来源：全国农业、涉农职业院校办学情况调查表（2014—2015年）统计数据。

（六）科技研发与服务"三农"

近年来，农业、涉农职业院校聚焦国家和区域农业发展战略，积极探寻院校发展与科技服务的结合点，承担各类科技研发推广项目，部分国家示范（骨干）高职院还通过跨界合作、区域合作孵化出很多科技园，有力促进了农业职业教育链和农

业产业链有机融合。

统计显示（附表4-4），53所农业、涉农高职院2015年承担国家（部委）、省（自治区、直辖市）、地级市及以下、合作企业以及本校等各级科技研发推广项目共计1 587项，科技研发项目经费总额为17 890.2万元，校均337.5万元，较2014年87所农业、涉农高职院科技研发项目经费的校均数203.4万元增长134.1万元；113所农业、涉农中职校2015年承担国家、省（自治区、直辖市）、地级市、合作企业以及本校等各级科技研发推广项目共计259项，科技研发项目经费总额为1 888.7万元，校均16.7万元，较2014年172所农业、涉农中职校科技研发项目经费的校均数11.6万元，增长5.1万元。

附表4-4　23个省份农业、涉农职业院校承担科技研发项目情况

院校类别	国家（部委）		省（自治区、直辖市）		地级市及以下		合作企业		本校	
	项目数（个）	经费（万元）	项目数（个）	经费（万元）	项目数（个）	经费（万元）	项目数（个）	经费（万元）	项目数（个）	经费（万元）
高职院校	46	2 321.2	294	8 436.65	391	2 193.9	289	1 856.68	567	3 081.9
中职院校	9	198.0	36	699.9	50	362.8	60	214.4	104	413.6

其中，2015年科技研发项目经费排名前五的农业、涉农高职院依次为江苏农牧科技职业学院、江苏农林职业技术学院、苏州农业职业技术学院、温州科技职业学院、沧州职业技术学院（附图4-10）。例如，江苏农牧科技职业学院主动适应创新驱动发展战略开展应用研发，2015年承担的各级科技研发项目共计169项。其中，国家级10项、省级29项、地级市17项、与企业合作73项、校内项目40项。2015年横向技术服务到款额427.30万元、纵向科研经费到款额3 152.40万元、技术交易到款额2 916.90万元，获"2015年高职院校服务贡献50强"殊荣。甘肃农业职业技术学院瞄准甘肃新兴产业及现代农业发展，成立"三农"研究所、6个服务"三农"协同创新重点研究团队，开展重点扶持项目。2015年该院科技示范园被认定为兰州市"科技企业孵化器"。

相比较而言，农业、涉农中职校的科技研发实力较弱，在调研的133所农业、涉农中职校中，仅云南省曲靖农业学校、北京市昌平职业学校、广西梧州农业学校、朝阳工程技术学校、宣城市生物工程学校5所院校2015年的科技研发项目经费投入较高些（附图4-11）。

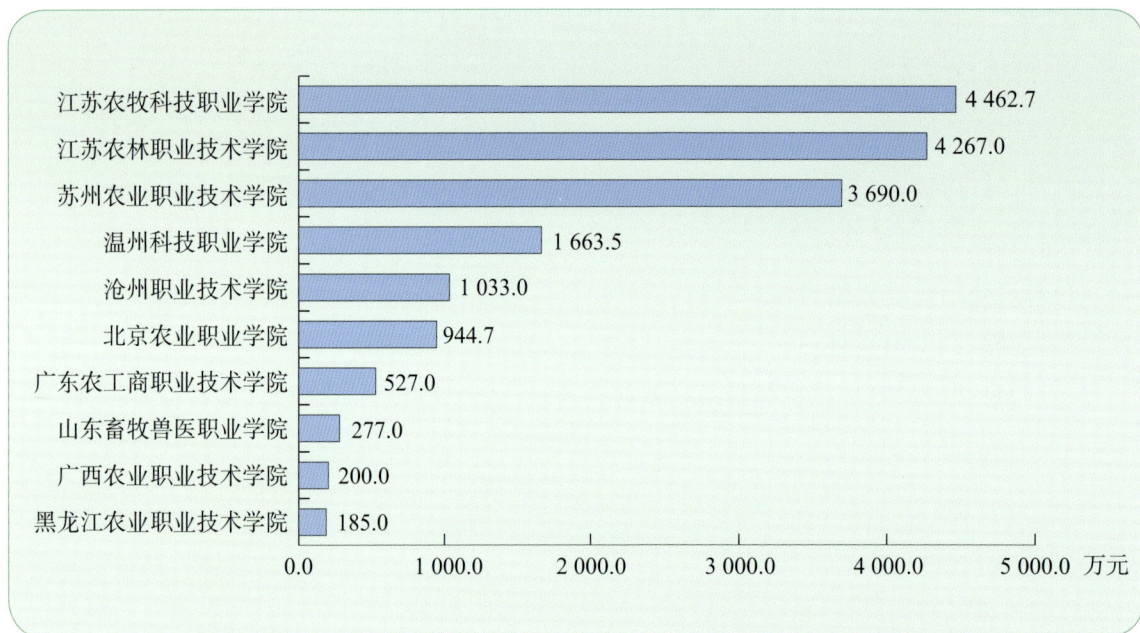

附图4-10　2015年农业、涉农高职院科技研发项目经费排名前10院校

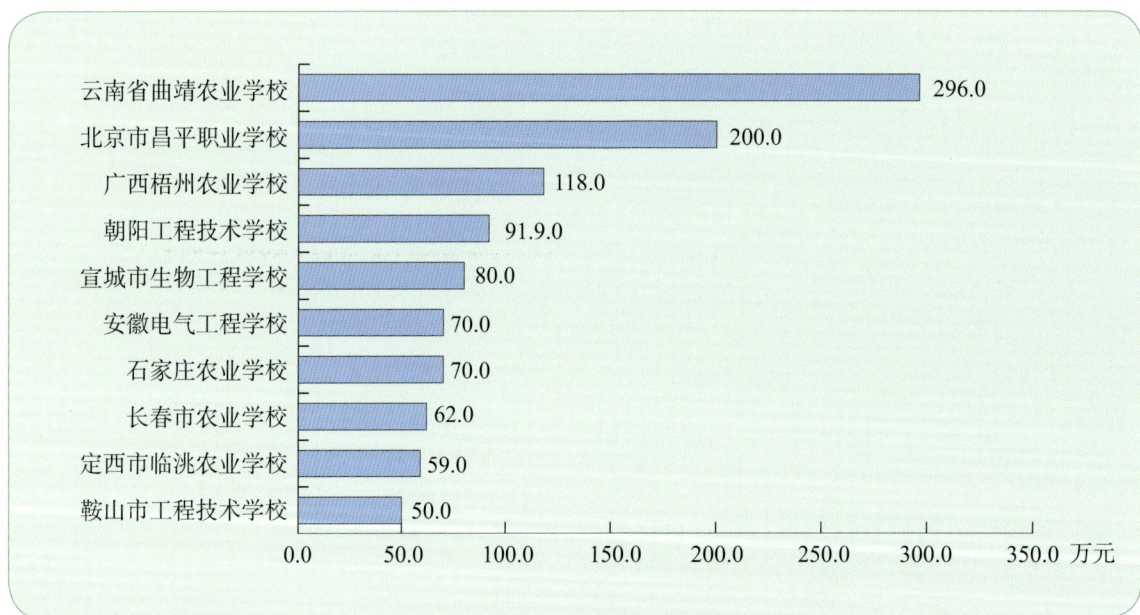

附图4-11　2015年农业、涉农中职校科技研发项目经费排名前10院校

　　例如，云南省曲靖农业学校2015承担的各级科技研发项目共计22项。其中，国家级2项、省级3项、地级市及以下项目16项，科技研发项目经费总额为296万元。云南红河州农业学校专业团队在海拔1 900米以上的高寒山区引种苹果获得成功，该项目被纳入红河州百万亩高原特色农业项目。

　　农业、涉农职业院校拥有服务地方"三农"的教育资源、人才资源、科技资源、信息资源和地域优势，在持续提升自身办学实力的同时，通过服务"三农"的实践探索，在服务农村改革中积极发挥作用，带动其所在区域的农民脱贫致富。各农业、涉农职业院校2015年通过组建科技服务团队、选派农业科技特派员，结合青年农场主培养等专项工程，以科技服务基地为载体，借助移动互联网，积极开展各项科技服务与推广工作。

统计显示，53所农业、涉农高职院共培训各类学员266 102人，平均每校培训数为5 021人。其中，江苏农牧科技职业学院、江苏农林职业技术学院、湖南生物机电技术学院、苏州农业职业技术学院、温州科技技术学院、新疆农业职业技术学院、北京农业职业学院、山东畜牧兽医职业学院8所高职院2015年培训各类学员数均超过10 000人次（附图4-12）。例如，新疆农业职业技术学院承担全区大学生"村官"培训任务，2008－2015年期间累计培训了11 000余名"村官"，同时开展以"送教下乡、智力进村、技能到户"为重点的实用技术培训，涉及全疆8个地州14个县市34个乡镇40个村，累计培训35 481人次，帮助1万余户农牧民脱贫致富。温州科技职业学院大胆探索，于2012年组建温州农民学院，实施"现代青年农场主"培养工程，选拔100名左右有从事农业生产与经营管理意愿、有较大发展潜力的学员，以专家、学员"结对"的形式开展跟踪服务、全程帮扶一至三年，同时依托浙江小企业创业基地、温州市大学生网商创业园等10多个平台，指导学员开展创业活动，引导走科技创业之路。

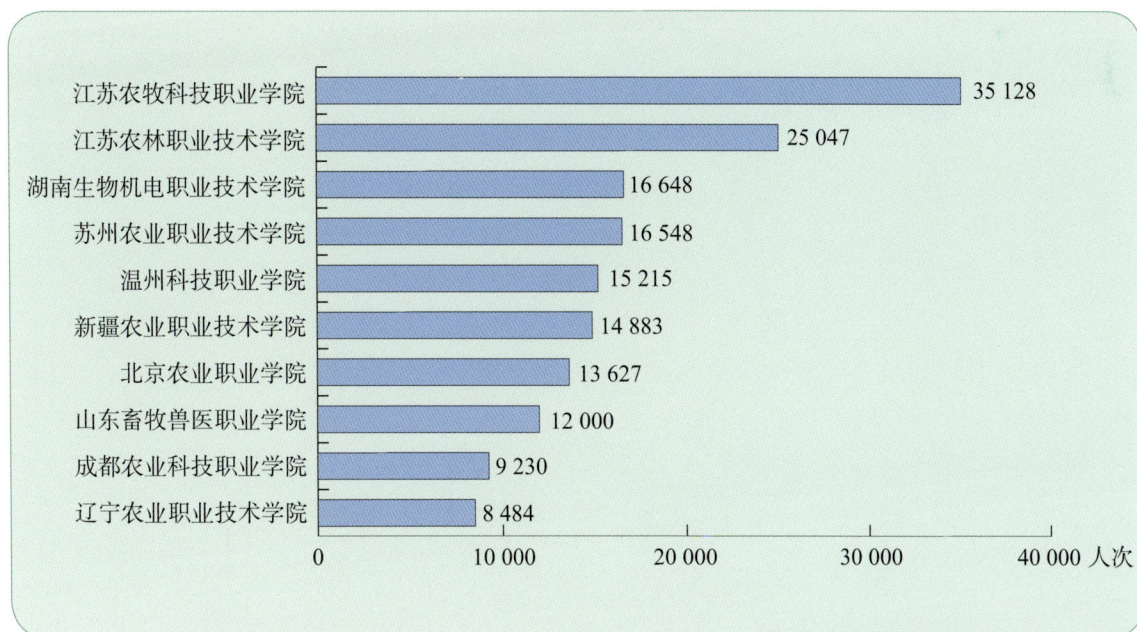

附图4-12　2015年农业、涉农高职院培训各类人员总数排名前10院校

113所农业、涉农中职校共培训各类学员732 764人，平均每校培训数为6 485人。其中，红河州农业学校、安徽金寨职业学校、云南省临沧农业学校、武汉市农业学校、广西柳州畜牧兽医学校、安庆皖江中等专业学校、广西玉林农业学校、阜新农业学校、朝阳工程技术学校、陕西省榆林农业学校10所中职校2015年培训各类学员数均超过3 500人次（附图4-13）。例如，朝阳工程技术学校围绕朝阳市农业产业，成立设施农业服务中心，选派多名优秀教师下乡指导农民农业生产1 500余次，培训3 500余人次；该校还成立畜牧专业养殖服务站，举办养猪、养鸡、养羊及动物疫病防治等科技培训班10多期，培训农民技术员、重点户、专业户1 000多人次。

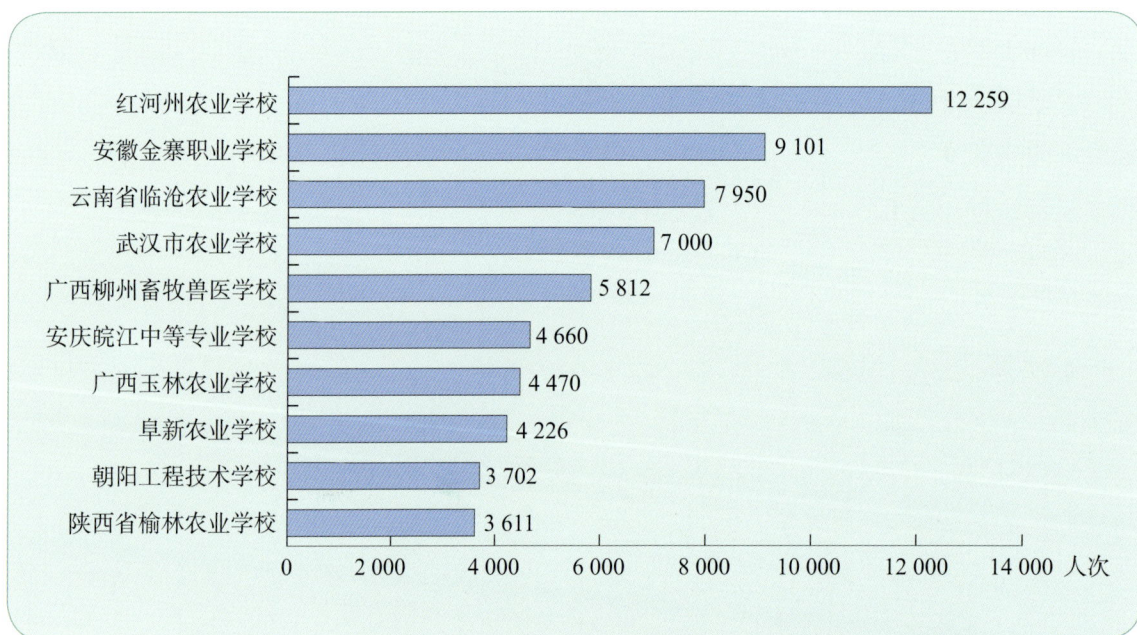

附图4-13　2015年农业、涉农中职校培训各类人员总数排名前10院校

三、我国农业职业教育现实困境

（一）招生艰难，生源总量持续萎缩

本次调研中，共有107所农业、涉农职业院校（占样本数的64.5%）普遍反映"招生难，生源严重不足，涉农专业办学规模缩小，在校生数呈逐年下滑趋势"是困扰自身发展的最大难题。

造成生源危机的原因主要有：社会观念偏颇，对涉农专业认可程度不高；适龄农业人口的急剧减少，招生计划数限额；扶持政策和制度缺失，"去农化"办学倾向明显；涉农专业自身建设落后，师资力量薄弱；就业"高不成、低不就"。以上原因让部分农业、涉农职业院校难以为继。

例如，北京农业职业学院实行计划招生，并且京外招生受到严格限制，2015年七年贯通培养（即前3年中职、中间2年高职、后2年本科）第一年招生指标数仅完成了计划的30%，优质生源更是严重不足。湖南生物机电职业技术学院园艺技术、园林技术、种子生产与经营、畜牧兽医、水产养殖技术5个涉农专业2013年新生报到人数，与2008年相比，分别降低了17.2%、35.6%、32.5%、28.7%、36.1%，招生情况不容乐观。而在2008—2013期间，湖南省高考录取率分别为51%、67%、81%、86%、86.4%、85.3%，连续4年过八成，每年的"生源大战"大幅抬高了该校的运行成本。合肥职业技术学院现有园林技术、食品工艺与检测、食品加工技术和景观设计4个涉农专业，但2015年涉农专业全日制在校生数仅为168人，占全校在校生总人数的1.2%。安徽机电工程学校为省属中专，但坐落在县城，地理位置不占优势。尽管国家教育主管部门制定了普高和职高大体相当的招生政策，但这一招生政策在安徽省未能得到有效执行，加上不少普通高中还在扩招，2015年该校新生报到数只有333人，而五年制在校生数为86人，还不足总在校生人数的一成。

（二）经费紧缺，办学成本居高不下

本次调研中，共有97所农业、涉农职业院校（占样本数的58.4%）一致反映"农业类专业办学成本较高，实验、实训建设投入大，经费来源渠道单一，每年的财政拨款不够，新建校区多从银行贷款，债务严重"等问题是制约自身发展的一大瓶颈。

造成办学经费不足的主要原因是我国职业院校实行"分级管理、地方为主、政府统筹、社会参与"的管理体制，在经费保障上采用政府分级保障的模式，即省属院校由省级财政保障，采用预算定额制；地市所属院校由各地市财政保障。农业、涉农职业院校经费也来源于上述途径，即政府财政拨款、教育事业收入（以学费收入和住宿费为主）和其他收入（以校办产业收入、社会服务收入、企业捐赠等为主）。但农业类院校对学生动手能力的培养有较高要求，实验实习场所投入大，与本科院校办学成本相比，其运行成本并不低，甚至还要高。

例如，湖北生物科技职业学院2015年经费总收入为9 597.75万元，政府财政拨款占经费总收入的58.13%，实体经营收入、社会服务性收入等其他经费渠道则非常有限，行业、企业和社会的经费投入更为匮乏。黑龙江农业职业技术学院作为"农业职业教育能力建设计划"首批试点院校，地处三江平原，是该区域唯一的一所农类院校，对农业人才的培养和农业发展起着举足轻重的作用。但该校因远离省会城市，招生不占优势，随之而来的是办学经费减少，除了在国家级职业教育实训基地方面获得过专项经费投入外，缺少其他渠道的经费支持。陕西省榆林农业学校主管

部门为榆林市农业局，其办学经费来源单一，2015年财政拨款为2 346.9万元，学费收入为426.5万元。但作为一所农业中职校，学生人均经费太少，2015年涉农专业生均拨款标准只有1 800元，经费极为紧张，加之繁重的改造及建设任务，资金缺口大，办学条件改善缓慢，直接影响到学校的进一步发展。

（三）合作不畅，产教融合难以突破

本次调研的166所院校中，农业、涉农职业院校的校企合作发展势头良好，合作范围不断扩大，合作领域不断扩展，但约有九成的院校反映：多数专业仍属于浅层次的校企合作模式，合作的深度、广度都还不够，尤其是企业积极性不高，急需进一步深化。

究其原因，在政府层面上，政府职责存在错位缺位，还没有很好地利用经济手段、法律手段、行政监督等进行应有的调控或干预，导致政府在农业职业教育产教融合、校企合作等方面的法律制度缺失，配套法规、合作机制不健全；在企业层面上，由于缺乏利益驱动机制，企业参与合作的动力不足，仅停留在单纯的人才选择层面，没有将职业教育的育人功能融入到企业价值链中，不能主动参与农业技术技能人才培养任务；在学校层面上，以服务求支持，以贡献求发展，服务农业企业的软实力仍需加强。

例如，辽宁农业职业技术学院目前在校企合作上取得了重要进展，特别是"引企业进校园"成效显著，现设有91个校内实验室，75个校内实训基地，校企合作企业数497家。但多数专业仍停留在浅层次合作水平，学校则处于相对被动的位置，距离建立可持续发展的校企合作良性互动机制，实现资源优化与共享、办学效益最大化仍有很大差距。渭南职业技术学院目前开展的校企合作多数以学校为主，虽然设有247个校内实验室、91个校内实训基地，但合作企业数只有23家，加上合作的企业规模不大，多为中小型企业，缺乏足够资金和人力资源，在合作内容上具有局限性，校企深度融合的长效机制有待进一步完善。宣城市生物工程学校是隶属于安徽省农业委员会的一所中职校，设有11个校内实验室、2个校内实训基地，与涉农专业开展合作的农业企业仅有3家。在合作过程中，企业积极性不高，仅提供顶岗实习，却不愿意安排学生在关键岗位，学校处于极其被动的地位。

（四）编制不足，师资队伍难以满足需要

本次调研中，共有56所农业、涉农职业院校（占样本数的33.7%）分别反映"师资缺乏，年龄老化，教职工编制严重不足，高层次教师引进受阻，编制内人员和人事代理人员退休待遇差距较大，事业单位绩效工资改革无法实施推行"等问题严

重阻碍着各院校教学质量的提升和可持续发展。

究其原因，农业、涉农职业院校大多数起点低，师资队伍组成较复杂，有普通高校毕业生、企事业单位调入人员，也有同类高校借调人员及聘用的兼职教师。教师总量不足，专任教师学历和职称偏低，结构不合理，尤其是涉农专业教师面临断层问题。而现阶段，各院校缺乏公平合理的绩效考核机制，教师管理制度也存在着诸多问题，这些均严重影响到教师的工作主动性。

例如，黑龙江农业经济职业学院现有人员编制是按照1993年中专时代确定的，如今时间已过去22年，学校已发展成为拥有在校生近8 000余人、教职员工千余人的万人学院，仅有的374个编制与该校的现实状况也极不吻合。由于缺少编制，难以吸引优秀人才和留住人才。江苏农牧科技职业学院现有教师的事业编制数为298个，但这是按照2002年刚升格为高职院校时确定的，当时学校的办学规模还不足五千人，教职工数两百余人。如今全日制在校生数远超万人，教职工一千余人，现有编制数与学校整体规模相差甚远。双辽市职业中专目前尚未设立"正高"职称岗位，教师只能晋升到高级讲师，缺少业务精湛的"双师型"教师，专任教师从事技术开发、技术服务能力比较薄弱，没有成就感，教师也因职称聘任不到位而导致工作热情和工作动力不强。

（五）投入不足，基地建设落后于产业发展

本次调研中，共有37所农业、涉农职业院校（占样本数的22.3%）分别反映实训基地建设中存在"投入不足，实训条件差，对口实训师资不足；已有实验室和实训基地硬件设备陈旧，缺乏专业的、足够数量且稳定的教学实习基地；社会投入比重偏低，创收能力弱"等问题。

究其原因，实训基地建设是一项耗费资金高的工程，而当前我国众多高职院校实训基地建设资金有限，建设经费主要依赖国家相关部门的资助和补贴，缺乏有效的资金来源，启动规模化、高技术的实训基地建设更是困难重重，对农业、涉农职业院校来说，这一问题同样不可回避。

例如，新疆农业职业技术学院近十年来主要依靠贷款、学费收入、社会融资等方式开展基础设施改造，但仅仅建设了一座实训大楼，还缺少相关配套设施。尽管该校凭借2006年国家示范性高职院校建设项目，大大改善了实训条件，但由于示范建设资金仅投向了6个重点建设专业，非示范建设专业的实训条件与示范建设专业在硬件条件方面差距较大，不能完全满足15 000余人在校生的专业教学需要。大理农林职业技术学院于2013年2月成立，主管部门为大理白族自治州农业局。目前该学院共开设了23个专业，建有以作物生产技术为主的种植类专业群、以畜牧兽医为

主的养殖类专业群、以食品生物技术为主的食品类专业群，涉农类专业数占专业总数的56%。但受建设资金限制，该校目前只设有4个校内实训中心，数量不足，实训设备老化，教学设施滞后，建设标准不高，无法满足学生理论与实践相结合的技能培养需求。安徽砀山果树职业学校隶属砀山县教体局，生源主要来自农村子弟和城镇低收入家庭子弟，学费低廉。2015年财政拨款304万元，该校实训设备陈旧、简陋，很难满足教学需要，部分专业课还停留在黑板上搞种植的教学方法。

四、政策建议

应对农业职业教育面临的现实困境，破除农业人才培养的体制性障碍，需要农业职业教育办学者、管理者与教学者转变理念，创新制度，构建机制，共同参与。

（一）加大政策扶持，强化涉农专业社会吸引力

一是提高涉农专业学生报考率。建议相关部委出台高职涉农专业学生免学费政策。二是加大对学农学生就业、创业的政策引导和支持力度。相关部委联合制订实施各项就业、创业优惠政策，对到农村创业的毕业生给予土地、贷款、税收等各种优惠政策。三是推动乡镇级政府在公务员、事业单位招录或大学生"村官"、选调生选拔时向大专层次的农业类毕业生倾斜，提供专门政策。

（二）实施激励机制，稳定涉农专业教师队伍

一是核定涉农职业院校专业教师编制，并从院校特色专业发展出发，给予农业、涉农职业院校教师招录时更多的自主招考政策。二是地方财政根据涉农院校担任兼职教师的数量和课时量，制定外聘教师占编预算等政策，并增加特聘兼职教师补贴计划。三是鼓励专业教师参加职业资格证书的认证考核工作，奔赴企业挂职锻炼；培养和集聚科研岗教师，承担各项农业科技研发项目及成果的推广应用。

（三）加大经费投入，完善拨款倾斜机制

一是相关部委出台文件，增加涉农专业生均拨款标准，针对农业类不同专业的成本差异，财政拨款在正常标准基础上提高50%～60%，并进一步明确生均财政拨款的合理构成及增长路径，保证其落实到位。二是建议教育部根据涉农专业在校生人数设立涉农专业实训基地建设专项经费，并及时拨付到位，用于基础设施建设、人才引进、设备更新，为农业产业技术升级提早进行硬件储备。三是建立绩效拨款评估体系，将农业、涉农职业院校办学效益与最终产出同资金分配相联系。例如，

通过考虑科技服务贡献率，将财政资金向内涵发展取得较好成效的院校倾斜。

（四）深化产教融合，多途径扶持农业教育发展

一是建议国家尽快制定产教融合、校企合作的法律法规，规范校企合作中各利益主体的责、权、利，研究制定针对农业行业的税收优惠等扶持政策。二是政府支持农业、涉农高职院与农业企业以合作共建模式，建立集生产、教学、研发功能为一体的专业化实训基地，把农业职业教育纳入地方经济社会发展和产业发展规划。三是发挥农业职教集团在资源配置中的主体性作用，积极探索集团化办学新机制。例如，依托职业院校实训中心、现代都市农业示范区，建设农业类开放性公共技能实训基地，面向全社会开放。